男の子を
ダメな大人にしないために、
親のぼくができること

「男らしさ」から自由になる子育て

アーロン・グーヴェイア
上田勢子 訳

平凡社

Raising Boys to Be Good Men
A Parent's Guide to Bringing Up Happy Sons
in a World Filled with Toxic Masculinity

by Aaron Gouveia

Japanese translation rights arranged with
Skyhorse Publishing, Inc., New York,
through Tuttle-Mori Agency, Inc., Tokyo

妻のＭＪと、息子たち、ウィル、サム、トミーに捧げる。
きみたちのおかげで、私はよりよい父親、夫、人間になれた。
心から愛してる！
いつも思いやりと、やさしさを（私が聞きたくないときにも）
教えてくれた母へ。
親友でも最高の父親でもある父へ。

目次

本文中の〔 〕は訳注、＊で示した番号は巻末の原注です。

イントロダクション――あなたも問題の一部であるとき

「**有害な男らしさ**（Toxic Masculinity）」という言葉は、私が二〇〇八年に初めて父親になった時には、まだ聞いたことがなかった。この言葉のグーグル検索が一気に増えたきっかけは、ハリウッドの女性たちがハーヴェイ・ワインスタインの性犯罪を告発して二〇一七年に #MeToo 社会運動が起きたことだった。さらに二〇一九年一月に、剃刀製品で知られるジレット社が「有害な男らしさ」を批判するコマーシャル〔詳しくは訳者あとがきを参照〕を放映して、この言葉の一般への浸透がピークに達した。私が初めてこの言葉を知ったのは二〇一一年のことだ。『グッドメン・プロジェクト』〔米国で二〇〇九年にトム・マットラックによって創設された新しい男性のあり方を語り合うウェブログ〕でパートタイム編集者として働き始めた頃で、膨大な時間をフェミニスト著者のエッセイを読むことに費やしていた時期だった。でも当時の私はまだ「アメリカ全体を女性化させる動き」をひそかに嘆き、あきれてもいた。私の強くて男らしい息子たちがすっかり女性化されて悪者扱いされるのではないかと苛立ってもいた。しかしなんとも皮肉なのは、私のそんな反応こそが「有害な男らしさ」の典型だったのだ。

　でも立ち止まって、私よりずっと知性があって思慮に富んだ周囲の人たちの意見を聞くうちに、あることに気づいて困惑した。「有害な男らしさ」が現実なだけでなく、自分もそれに日常的に関わっていたのだ。そして、そんな考え方を三人の息子たちに伝える危険性があるということにも、気がついた。

「有害な男らしさ」が横行する時代の男の子の育て方について本を書かないかと出版社に誘われた時、とっさに口をついて出たのは「聞く相手を間違えているよ」だった。私がそんな本を書くなんて、大学時代の私を知っている者はみな笑うだろう。しかも彼らはきっとすごく混乱して腹を立てるにちがいない。なぜなら、私自身が長年の間、その問題そのものだったから（今でも時々そうだけど……）。

二〇〇八年の私は、妻が幼い息子にピンクの靴下をはかせると腹を立てたものだ。周りの人に「ゲイっぽい」とか「男らしくない」とかと思われないか心配だった。息子たちに洗礼を受けさせるのも嫌だった。息子に洗礼式のあの白いドレスを着せるのも気に入らなかったし（さらに言えば、カトリック教会にはびこる児童虐待を教会が何十年も隠蔽し続けていたことも、洗礼を受けさせたくない理由だったけど、それは、また別の話だ）、おもちゃだって、青い色であふれるボーイズ・セクションでしか買わなかったし、長男のボールの投げ方を「女の子みたいだ」と叱り、「男ならメソメソするな！」と、残念ながら皮肉としてでもなく、繰り返し言っていたものだ。

自分が長年加担してきた問題について本を書くなんて、言うまでもなくあり得ない。それに、ひどく偽善的な行為にも思えた。

しかしその反面、こういう考え方もできた。変わる可能性があるかもしれない読者に呼びかけるのに、私のような改心者ほど適任な者はいないかもしれない。人生で一度も酒を飲んだことのない著者の書いた断酒の本なんか読みたくないよね。私の過去のたくさんの（本当にとてつもなく多くの）過ちは、同じ境遇にある読者にも分かってもらえるのではないか？　自分の経験が読者の気持ちをとらえ、彼らが現状について考え、賛同者が最低限必要な人数まで増えることによって問題解決に繋がるのではないか、という希望も湧いてきた。

たしかに、今少年や男性に起きていることは問題だ。それは静かに気づかれないうちに様々な社会悪の根源となってきた大問題なのだ。この本のタイトル *Raising Boys to Be Good Men*〔原題の直訳は『男の子を良い男性に育てる』〕を初めて発表した時、数人のトランスジェンダーの友人から、至極もっともな指摘を受けた。男性として生まれた子どもがすべて男性の成人になるわけではないと。その批判はよく理解できる。しかし、この本の目的は、少年をよい人間に成長させたいというだけではない。「有害な男らしさ」の環境とは、文化が作り出す危険な憶測に満ちた環境だ。そして単に性器の形状によって男の子と分類されただけで過分な重荷を負わせる文化でもある。男の子たちはそういう環境を切り抜けて生きることを学ばなければならない。この本は、そんな環境で男の子をどう育てればいいのかという本なのだ。その意味において、トランスジェンダーの友人たちも私と同意見であることを願い、またこの本が、タイトル以上のニュアンスを伝えられるよう願っている。

銃乱射事件数の総計を見ると、ある共通項に気づく。そう、ほぼすべての加害者が男性なのだ。

米国で二〇〇〇年から二〇一七年に起きた銃乱射事件のFBIのリストによれば、二百五十件のうち二百四十一件が男性の起こした事件で、その大多数が白人だ。彼らの多くが精神疾患を抱えていて、未治療や治療が不十分なことが多いという。ほとんどが女性に対して腹を立てている。"Everytown for Gun Safety" というNPOによる二〇〇九年から二〇一八年の銃乱射事件の分析では、加害者の五四パーセントが、現在あるいは以前のパートナーや家族に対して発砲している。[*1] 加害者は暴力以外の方法で怒りを表す対処メカニズムをもたない、怒りに満ちた男性なのだ。

#MeToo 運動を見ても、加害者は男性が断トツで多い。自分の目的を果たすために、社会システムの特権や力を当然の権限として使い、女性を操作し、苦しめ、虐待している。

なぜ男性が考えもせずにこうした行為に走るのだろうか？　それは、そうした行為が常に「普通」とされてきたからなのだ。ほぼすべての領域で力をもつ男たちに保証されてきた「普通」なのだ。

ロー対ウェイド〔一九七三年に女性の中絶権を認めた判決のこと。二〇二二年にアメリカ最高裁判所がこの判決を覆したことで、アメリカの各州は独自の州法により中絶を禁止することが可能になった〕を無力化し、破壊すらしようとする、いわゆる「ハートビート法」〔ジョージア州で成立した中絶禁止法。医師が胎児の心臓の拍動を確認できる妊娠約六週目以降の中絶を禁じるもの〕の猛撃はどうだ？　議員の大多数は、自分が制限しようとしている生体構造の機能の知識すらもたない男たちだ。彼らがまったく安全で合法的な妊娠中絶を犯罪とし、女性から身体の自律性を奪おうとしているのだ。

男女間に賃金格差があるのはなぜなのか？（二〇一九年のペイスケール調査によれば、男性の賃金一ドルに対して、同等の資格のある女性の賃金は七十九セントに留まっている）[*2] 男子の学力が女子より劣っているのはなぜか？　男の子や成人男性がメンタルヘルスの治療を受けようとしないのは、感情を口にするのは女性だけだという、ろくでもない観念のせいではないのか？　米国自殺予防財団によれば、男性の自殺率は女性の三・五四倍にも上っている。尽きることのない問題はどれも、「有害な男らしさ」の側面であり一部なのだ。男の子たちに壊滅的な影響を与えている問題を私たちは阻止しなくてはならない。

私がこのことを直接体験したのは、二〇一八年十月のことだった。幼稚園に通い始めたばかりの当時五歳の次男サムが、ある日、しょげた様子で帰ってきた。いつも通り平然と赤いマニキュアを塗ったまま幼稚園に行ったのに、クラスの子どもたちにからかわれたり、いじめられたりしたと言うのだ。それまでの一年半も、保育園にマニキュアをして通っていたが、何の問題もなかった。しかし、幼稚園に入ったとたんに、様々な背景の子どもたちと相対することになり、彼らは明らかに、すでに伝統的なジェンダー・ステレオタイプに精通していて、マニキュアという「女の子の」領域に足を踏み入れた少年を温かく**受け入れようとはしなかった**。「マニキュアをするのは女の子だけだ」「今すぐマニキュアなんか落として、もう絶対に塗るな」、なぜなら「男の子はマニキュアなんかしないんだから」と言われたのだ。それまでサムは、昔ネイルアーティストだったおばあちゃん（私の母）と一緒にマニキュアをすることになんの恥ずかしさも感じていなかった。それなのに、たった一日からかわれて冷やかされただけで、もうやめたくなっていた。

だって、女の子だと思われたくないから。

私はツイッター〔当時。現X〕でサムを擁護するスレッドを立てた。幼稚園での出来事を説明し、これまでの短い人生の間、いかに息子が無垢でジェンダー・ステレオタイプにとらわれていなかったかということについて、このように投稿した。

> うちの次男サムは、やんちゃな暴れん坊だ。多くの人に言わせれば（ぼくは言わないけど）、「男の子らしい男の子」というわけだ。やんちゃで、騒がしくて、いつも泥んこ。トラックもスポーツも大好き。ソファの上からぼくにニードロップを仕掛けてくるような子だ。でも同時に、「女の子っぽい」ことも大好きなんだよ。
>
> 今朝サムは誇らしげに赤いマニキュアを塗って幼稚園に行った。だって、マニキュアが女の子だけのものだなんて、まるで考えていなかったからね。それに、きれいなネイルが嫌いな人がいるなんて思ってもいなかったから。
>
> でもクラスの園児たちが嫌がった。ひどく非難した。男の子なのにマニキュアをしているとからかった。悪口を言って、マニキュアを落とせと言った。それが一日中続いた。
>
> サムは迎えに行った妻の胸に飛び込んで泣きじゃくった。クラスの子たちだけでなく、友だちからも責められたことで、サムはひどいショックを受けていた。「からかわないで」と言っても、ひどくなるばかりだった。サムをかばってくれたのは、たった一人だった。

サムはパーフェクトな息子なんかじゃないけど、彼には広い心と、どこまでも大きな共感力がある。周りのすべてを美しいと思い、生まれてから五年の間、人と違うことを一度だって恐れなかった。人と違うことが「悪い」なんて思っていなかったから。たった今までは。

いじめた子たちがまだ幼稚園児だってことは、ぼくだって分かってるさ。でもその子たちは、すでに、くだらない「有害な男らしさ」を**学んでしまっているんだ**。それを教えたのは大体、親だろう。だから親たちに言ってやりたい。「あなたは誇らしいだろう。望み通りの結果に満足しているだろう」ってね。

「妻とぼくが五年かけて教えてきた寛容、受容、自己表現の大切さといったものを、あなたの子どもがたった一日でつぶしてしまった。息子は人と違うことを恥ずかしいと思うようになってしまったけど、それはまさにあなたが望んだことなのだ」

でもぼくはあきらめない。サムに「みんなはきみのネイルがうらやましいだけだよ」と言った。「明日は、もっと派手な色を塗っていけばいいよ」、そして「なぜそんなに怒っているの？」とその子たちに聞いてみればいいと。

きっとその子たちにも答えは分からないだろう。その子たちの親だって、分からないはずさ。でもぼくは確信している。サムは最高にかっこいい子だし、男たちを長きにわたって苦しめてきたくだらない制限が、一瞬たりともサムの心の灯《あか》りを曇らせることはない。

ぼくはサムにこうも言った。「嫌ならマニキュアを落としてもいいけど、マイティ・ソーや海賊のジャック・スパロウみたいに、マニキュアをしている男もたくさんいるよ」。するとサムに「ぼくの大好きなフットボール選手ロブ・グロンコウスキーもしてる？」と聞かれて、つい「してるさ」と答えてしまった。ごめんね、グロンコウスキー！　でももっと重要なのは、他の人がどう言おうと構わないってこと。だって、自分の服装や外見は、**自分を**よく見せるためなんだから。周りの言うことなんか、クソくらえだ！

　サムはじっくり考えた末、マニキュアを塗ったままにすることにした。マニキュアが好きだし、気分がよくなるから。すると十歳の長男が、弟との連帯を示すために**自分も**ネイルを塗った。それを見て、ぼくはほとんど泣きそうだった！

　不寛容な親たちとその子どもたちは、今日、小さな勝利を得たかもしれない。でも彼らはこの闘いに勝つことはない。なぜって、世界中にいるサムのような子たちが、こんなデタラメに苦しめられることは、もうないから。ぼくはそう確信している。

　このスレッドは**瞬く間に**広がって、八万回以上の「いいね！」がついて、テレビ番組『トゥデイ・ショー』[*3]に家族で出演するまでになった。さらには、『グッドモーニング・アメリカ』[*4]『マーシャブル』[*5]『ピープル』[*6]などの雑誌やオンライン記事だけでなく、『ガーディアン』[*7]といった国際的な新聞にも好意的な記事が出た。もちろん称賛ばかりではなかった。アメリカ各地から、息子がマニキュアをするのを奨励するなんてひどい父親だという反応も受けた。父親の私は「草食系男子」で、サムも私も「ゲイ」にちがいないと決めつけてきた。最悪だったのは『デイリー・ストーマー』[*8]という実在するネオナチ・ウェブサイトのフロントページに載ったことだ。身体的特徴への激しい攻撃を受けた。私は「草食系寝取られ男」だと侮辱され、「息子だけでなく、男らしさ一般を破壊している」とも非難された。恐ろしいことに、これが十年前の私なら、そういった批判のすべてに（もちろん、ナチスは論外だけど）、同意したかもしれない。自分の男らしい息子が「女のような」恰好をするなんてとんでもないと震え上がり、全力で隠そうとしたり、マニキュアを塗るのをやめるよう説得したりしただろう。当時の私は無知で情報不足だった。そのせいで、家父長制文化への至極もっともな批判に、濁りのない判断の目を向けることができなかったのだ。

すべてが腑に落ちた瞬間が、いつだったのか正確には覚えていない。その頃、私は『グッドメン・プロジェクト』というウェブログの仕事で、こうしたテーマのエッセイをいくつも編集していた。フェイスブック上のグループとオンライン・フォーラムを通じて知り合いになったのは、それまで私が軽率にもあざ笑っていた男性たちだった。そして、彼らの言うことが理にかなっていると気づいたのだ。なによりも、自分の息子たちの成長を眺めているうちに、彼らが伝統的な男らしさと一致しないことへの興味をもつことに気づかされた。一番大切な子どもたちを守り擁護するのが自然な親としての本能だと感じたこともきっかけになった。もし子どもたちが、運動神経抜群で、男の子としていわゆる「ノーマル」な道を歩んでいたら、私はこの本を書いていただろうか？　そう思いたいけど、自信はない。残念なことに、人が何かを本当に理解するには、それが自分や身近な人に起きて、自分と直接関係が生じなくてはならないようだ。だからこそ、私はこの本がよい影響を与えてくれるよう願っている。マニキュアのせいでいじめに遭った息子のことで苦悩した父親、そんな一人の親の体験を読むことで、考え方が変わるかもしれないから。

こんにちガールズパワーの運動がとても多く起きている。若い女性が力を得、伝統的に男性優位だった分野に受け入れられ、だれにでも何にでもなれると奨励されるのは、私にとっても、この上なくうれしい。しかし、そういった寛容さが男の子には及ばないことがよくあるのだ。女の子はパンツを穿いたり、スポーツをしたり、軍隊に入ることも奨励されているのに、男の子がバレエを習いたいと言ったら、どうだろう？　マニキュアを塗りたいとか、大胆にもベビードールで遊びたいと言ったら？　少年たちは毎日のように、ドナルド・J・トランプ前大統領の、ぞっとするようなマッチョイズムや、嘘くさいタフガイぶりを見聞きしてきた。そのせいで、有害なステレオタイプやジェンダー・ステレオタイプに対する闘いが、苦戦を強いられ続けているのだ。

私はこの本を、未だに幼い息子に「小さいことでくよくよするな」と言ったり、「泣くな」と叱ったりする親たちに向けて書いた。そして、明らかに悪いことをしても「しょせん男の子だもの、仕方ないさ」と許してしまう親たちに向けても書いた。この本は、まだ聞く耳をもっている人たちに向けた小さな試みでしかないかもしれない。説教したり侮辱したりしているのではないし、ましてや「男らしさ」への組織化された攻撃などではない。「有害な男らしさ」を批判することは、「男らしさ」の**すべてを**批判することだという誤った考えは、真実から程遠い。家族を愛して守ること、懸命に働くこと、強靭さ、これらは称賛されてもいい男性としてのよい面だろう。考え直すべきなのは、「真の男」の意味なのだ。「真の男」だって泣くし、必要なら助けを求めるし、家で育児をする男もいる。それはみんな「真の男」なんだ。私が保証する！

感情を押し殺したり、ジェンダーの箱に閉じ込められたりしない男の子に育てることは可能なだけではない。次の世代の男たちが感情を健全に表し、女性を尊重し、社会をある程度健全な場所に戻す手助けができるようになるために、不可欠なことなのだ。そのためには問題を明確に示し、解決に向けての小さな努力について話し合うことが必要だ。

私のようなガンコな愚か者が、過去には自分も問題の一部であったと認識して過ちを認め、そこから前進することができたのだから、きっとだれにでもできるはずだ。それは私が保証する。もし男の子への接し方や育て方を変えなければ、事態は悪くなるだけだということも確実だ。大切な息子たちについて、我々親は失敗できない。男の子が悪くなることは、私たち**みんなの**敗北を意味するのだから。

第1章

デタラメは生まれる前から始まっている

どんな物語にも始まりがあるが、このろくでもない物語は生まれる前から始まっていた。

十二歳、六歳、四歳の三人の息子の父親である私は、育児戦争に関しては経験豊かなベテラン兵士といったところだ。読者の中には子育ての旅を始めたばかりの人も多いかもしれないね。おめでとう！　そして、お気の毒に！　なぜお気の毒かって？　それはあなたたちがジェンダーにまつわる膨大なデタラメにこれから立ち向かわなくてはならないから。しかもその闘いは子どもが生まれるずっと前から、とっくに始まっているのだ。

「男の子？　女の子？」これが、親になると周囲に告げたとたんに投げかけられる質問の一つだ。多くの人にとって、それこそが**大問題**なのだ。ペニスの有無が分からなければ、まだ生まれてもいない赤ちゃんを、ジェンダー化された色や、ろくでもない不適切な言葉がプリントされたベビー服などと一緒にジェンダーの箱に閉じ込めたり、無意味で月並みな言葉を数えきれないほど浴びせかけたりできないじゃないか！

彼らは大体、善意に満ちた人たちだ。しかし、これほど強引に子どもの性別を知ろうとするなんて、私にはまるで予想もつかなかった。というより、正直言ってムカついた。

「ピンク？　ブルー？　どんな服を買えばいいか分からないじゃないか」

「赤ちゃんのブランケットを編むのに、色が分からないと困るわ」

「フットボールをさせるの？　それともバレエを習わせる？」

ちょっと待ってよ！　色にジェンダーなんか関係ないよ！

子どもを暖めてくれるブランケットなら、色なんかどうでもいいだろう！

男の子だって女の子だって、フットボールもバレエもできるさ！

彼らに悪気があるわけではない。ミュリエル叔母さんは、有害なジェンダー・ステレオタイプをわざわざ押し付けようとしているわけではないだろう。でも叔母さんが知らないのは、赤ちゃんを色分けするというような一見無害なことが、子どもに長年にわたって悪影響を与え、生後一日目から子どもの可能性と自己表現を抑え込むようになってしまうということなのだ。この問題があなたにとって重要なら〔重要であるべき！〕、こうした時代遅れの考え方がもたらす意図せぬ害を減らすために、自分にはできることがいくつもあると知ってほしい。

ヒント 1

赤ちゃんの性別を調べない／周囲に言わない

もちろんこの方法は、気の弱い人や、計画や詳細にこだわるタイプAの人〔A型行動形式とも言う。血液型とは関係がない。一般にせっかちで達成欲の強い攻撃的な性格の人を指す。タイプBはリラックスした気楽な性格の人〕には向いていないということは、よく分かってるよ。二〇〇七年に一人目の子どもを授かった時、私は、人間の能力で可能な限り一刻も早く性別を知りたいと切望したし、妻のMJも同じ気持ちだと思い込んでいた。

でも妻はそうではなかった。

十八週目のエコー検査で、検査技師に性別を知りたいかと尋ねられた時、私が口を開く間もなく妻がこう言い放った。「いいえ、知りたくありません。サプライズにしたいから」。私は耳を疑い、恥ずかしながら腹を立てた。どんどん居心地が悪そうになっていくエコー技師の前で、私と妻は言い争った。妻は冷静に理由を述べた。だって、「またとない最高のサプライズだから」、それに「短い間だけでも、ブルーかピンクかというナンセンスを遠ざけられるし、周囲の人に性別を予想させるのだって楽しいし」というわけだ。

何と言われようと、とうてい納得できなかった！　私だけが性別を知って、妻には教えないというのはどうだろうと提案してみたが、「あなたは秘密を守るのがへたくそだから、うっかりしゃべってしまうよ」と却下されてしまった。「検査技師に紙に書いてもらっておいて、きみの気が変わったら開けてみるのはどう？」という提案も、「誘惑に負けたくない」とあっさり拒絶された。

どこまでも結論の出ない口論に、妻は切り札を繰り出した。「あなたが気に食わないのは気の毒だけど、この赤ちゃんは**私の**体内にいるんだから、決めるのは**私**。性別は尋ねません！　以上！」

妻をじっと見つめてみたが、彼女の決心は変わりそうもなかった。検査技師は、部屋の隅で必死に縮こまって消えてしまおうとしているようだった。私は憐憫を乞う視線を技師に向けて、「私が性別を知るための法的な行使力や、何か他の方法はないのだろうか」と、とんでもない質問をしてしまった。技師は、私を完璧な愚か者（当然だよね！）だというように見つめて、こう言った。「ごめんなさい。でも彼女のほうが正しいよ」

私は頭から湯気を立てながら、性別を知ることなく診察室を去った。でも結果として、妻の決断は素晴らしい決断で、その後の二度の妊娠でも、繰り返されることになった。

なぜ私の気持ちが変わったかって？　どうやって、自分が間違っていたと最終的に認めることになったと思う？

第一に、それはたしかに、またとないサプライズとなった。愛する人が分娩室で一人の人間を世に産み出すのを目撃できたのは、それ自体が魔法のような出来事だった。そして、医師に「男の子ですよ！」あるいは「女の子ですよ！」と告げられるのを九ヵ月も待ちわびた経験もまた、忘れがたいものとなった。それが十八週目だったとしても、それなりに素晴らしい瞬間だったかもしれない。でも、待ち続けたことで、もっと素晴らしいものになったんだ。

妻は正解だった。もっと重要だったのは、性別を調べなかったことによって、親が立ち向かわなくてはならない、あの馬鹿げたジェンダー・ステレオタイプを少しの間だけでも遅らせることができたことだ。それに、この生来のあまのじゃくは、周囲をどこまでもイラつかせて、ちょっと楽しんでもいた。性別が分からないことで、人々は少しだけ独創的にならざるを得なかった。編んでくれたブランケットは緑や黄色だったし、妻のベビーシャワー〔出産を控えた妊婦のために開催されるパーティ〕のギフトはジェンダー・ニュートラルなベビー服だった。ベビールームの飾りも、スポーツやプリンセスがテーマではなく、どんな子どもにも合う動物がテーマだった。勘違いしないで！　私は大のスポーツファンだ。でも息子がキャッチボールもできないうちから、型にはめようとは思わない。もし娘なら、まだ彼女が好きな色が言えないうちから、子ども部屋がピンク色に塗りつぶされるのを見たいとは思わない。何が言いたいかというと、赤ちゃんが素晴らしいのは、無限の可能性があるからだということだ。子どもの可能性を決めつけるような帽子をさっさと被せてしまうのは、どうだろう？　子どもは親のミニチュア版ではなく、子ども自身として成長するのだということを、親は忘れがちだけど、生まれた日から子どもを箱に閉じ込めないようにすれば、子どもにとって、将来大きな実を結ぶ貴重な贈り物となるだろう。

とは言っても、子どもの性別を明かさなかったことで、ある滑稽な副作用が生じた。「おばあちゃんの迷信」が炸裂したんだ。エコー結果が知らされないことで、人々は、祖父母や曽祖父母から聞かされてきた、あの突飛でけっさくな神話を信じざるを得なくなった。ほら、聞いたことあるだろう？　お腹の中の赤ちゃんの位置が高ければ女の子。低ければ男の子。妊婦が甘いものを欲したら女の子で、すっぱいものを欲しがったら男の子、というあれだ（男の子は甘く優しくなれないってことか⁇）。

こうした話は微笑ましいけど、そうでないものもある。ひどく陳腐なジェンダー・ステレオタイプ的なコメントが、何の問題もないように、冗談めかして浴びせかけられることがある。たとえばこんなふうに。「男の子なら、町中の女の子を鍵をかけて閉じ込めておけ」「女の子なら、親は銃を用意しろ」。ちょっと待った!! あなたの赤ちゃんが男の子なら、子宮を出たその時から、ママのおっぱいだけでなく、世界中のおっぱいに飢えているというわけ? 男の子は暴れ狂う猛獣となって、わずかな自制心さえもなく、その尽きることのない性欲の前では、女性たちを監禁しなくてはならないほど手に負えない存在になるというのか? もし赤ちゃんが女の子なら、突然、銃が必要になるのか? 娘のいる父親は、AR-15型ライフルを確保していつでも使える準備をしておき、娘をちらっと見ただけの気の毒な男子や、大胆にもデートに誘う(あぁ!)男の子を脅して震え上がらせろというのか?

「**ただのジョークじゃないか、落ち着けよ**」という声が聞こえてきそうだが、これはただのジョークなんかじゃない! 小さな少年が成人して性欲の奴隷になると自動的に憶測するのは、彼を落伍者に仕立て上げることに他ならない。それに、幼い女の子の処女膜を守るために銃を用意するなんて、気持ち悪いじゃないか。こんなクソおもしろくもない冗談は、有害なステレオタイプの一つでもある。それは、男の子は卑劣でセックスしか頭にない馬鹿者であっても許される、女の子は男から守るべき貴重な宝石である、といった有毒で誤った考えをこっそり助長させるステレオタイプなのだ。あなたが男の子と女の子両方の親なら、この二つの思考体系を並べてみれば、それがいかに陳腐なことかに気づくはずだ。

そんなデタラメにだまされないように、そして早々と間違った方向に進まないようにしよう。できることなら、このナンセンスをすっかり跳び越えてしまいたい。そうすれば、周囲の人たちも考え直し、あなたの（これから生まれる）子どもに少し違う接し方――そう、想像の境界線などに制限されない、ジェンダー化しない接し方をせざるを得なくなるだろう。それによってだれかを傷つけるわけでもない。ただ周囲の人たちの考えをほんの少しだけ変えられるかもしれない（それに、性別を知りたくて周囲の人が身もだえしているのを眺めるのは、あなたにとって最高の娯楽になること請け合いだ！）。

ヒント 2

ジェンダー発表パーティをやらない

お腹の中の赤ちゃんの性別を知りたがるのは周囲の人だけとは限らない。**親のあなたも**知りたくてたまらないかも。そしてその後に、近年まれに見る大迷惑な自己陶酔イベント――そう、あの「ジェンダー発表パーティ」を開催したいかもしれない。

「ジェンダー発表パーティ」の何たるかを知らない幸運な人たちのために説明しておくと、それは、胎児の性別を近しい友人や家族に伝えるだけでは物足りない親やカップルが、ジェンダー発表のサプライズ・パーティを催すというものだ。その様子を映した動画がバズると、親は十七秒間の束の間の名声に酔いしれることができるというわけだ。パーティでケーキに入刀すると中からブルーかピンクの色が出現する。箱を開けると、ブルーかピンクの風船が飛び出す。メキシコ文化を勝手に真似た自己流ピニャータ（紙製のくす玉にお菓子やおもちゃを詰めたもので、木の枝などにつるし、子どもたちが代わる代わる棒で叩いてくす玉を割って中のお菓子などを落として楽しむメキシコのパーティの定番アクティビティ）を作り、それを辛抱強く叩き続ければ、ピニャータが割れてブルーかピンクの紙吹雪がばらまかれるという仕掛け。照明あり、発煙筒あり、紙吹雪ポッパーあり……とまあ、そんな具合だ（そもそもこんなパーティ自体が発明されなければどんなによかったか！）。

アリゾナ州のあるジェンダー発表パーティでは、色つき火薬の詰まった的を、赤ん坊の親（非番の国境警備隊員でもある）が銃で撃って性別を発表するという趣向だった。ところが的の火薬の火が近くの草や灌木に移って大火事となった。この火事は「ソーミル・ファイヤー」と名付けられ、歴史に残ることとなった。たった一度のジェンダー発表パーティが、四万七千エーカーを焼き尽くし、八百人もの消防士が消火活動に携わった挙句、なんと八百万ドル（約十二億円）もの被害をもたらしたのだ。[*9] もうすぐ誕生する新しい命を祝うための祭典に、死の道具を使うなんて、どれほど馬鹿げているか、ちょっと考えてみてほしい。ところでその赤ちゃんは男の子だったそうだ。銃を振り回して火事を**起こさなくてはならなかった**クソ親父以外に、お手本となる男性がその子の側にいてくれることを願ってやまない。

ジェンダー発表パーティが地球にとって真っ当な脅威だと言っても、言い過ぎではない。しかしマジな話、ジェンダー発表パーティが私にとって大問題である理由の一つは、その壮大な見世物イベントが、「ブルー＝男の子」「ピンク＝女の子」という断定に基づいていることだ。これほど胸クソ悪いことはない。ピンクは女性的な色とは限らない。実際、百年以上前の一九一八年六月発行のアメリカの業界誌『アーンショウズ・インファンツ・デパートメント』にこんな記事が掲載されていた。「一般的にピンクは男の子、ブルーは女の子に向いている。なぜなら、ピンクははっきりした強い色なので、男の子によりふさわしく、繊細で可憐なブルーは、女の子が着たほうがかわいいのだ[*10]」。この記述自体にも本質的な問題があるが、色のジェンダー化が文化的に作り出されたものだと示すには十分だろう。そうなんだ！　男の子もピンクを大好きになっていいんだ。私の次男がその生き証人だが、ピンクが好きだからといって、男の子らしくないなどということは、まったくないのだ。

多くのジェンダー発表パーティが引き起こす、なんとも悲しい副作用には、暴露されるのが性別だけではないということもある。望んでいた性別が外れて親の落胆した様子が動画に収められてしまうことがあるのだ。本来、最高にポジティブな日であるべきなのに。

最後にもう一つ言わせてもらえれば、そもそもジェンダー発表パーティという名称自体が間違っている。「ジェンダーを明らかにする」なんてあり得ない。だって、子どもが最終的にどんなジェンダーになるかなんて、親には分かりっこないからだ（性とは誕生時にあてがわれる生物学的な特質で、ジェンダーとは本人が決める自己表現としてのアイデンティティなのだ）。こんなパーティがやらかしているのは、まだ子どもが世界に生まれ落ちる前、ましてや子どもが自分のジェンダー・アイデンティティを見つける機会すら得られないうちに、すでにレッテルを貼ってしまうことに他ならない。だって、お腹の中にいるあなたの子どもが、たとえば、生物学的に男の子として生まれたとしても、あてがわれた性別が将来その子のアイデンティティとなるとは限らないから。

　私が言いたいのは、将来変わるかもしれないジェンダー・アイデンティティで子どもを不必要に制限する代わりに、ただ単に新しい命を祝うので十分じゃないのか、ということなんだ。

　まだ私の言うことが納得できないなら、二〇〇八年に文字通りジェンダー発表パーティを発明したマミー・ブロガー、ジェナ・カーヴニディスの話を聞いてみるといい。二〇一九年七月のフェイスブックにカーヴニディスは、不注意にこんな流行を作り出したことを後悔していると投稿した。ジェンダーをステレオタイプ化するのはネガティブな行為だと、次のように書いている。「赤ちゃんのジェンダーを知ることがどれほど重要なのか？　でも当時の私は知りたかった。二〇一九年の現在には分かっていることが当時の私にはまだ分かっていなかったから。誕生時のジェンダーにすごくこだわることによって、その子の可能性や才能の多くをつぶしてしまうということ、股の間に何があるかなんて関係ないんだということが分からなかったんだ」[*11]。さらに、どんでん返しがあった。カーヴニディスの史上初のジェンダー発表パーティで女の子だと公表された子どもは、今十一歳になっていて、普段からパンツスーツを好んで着ている。これぞ最高のジェンダー的皮肉ではないか？

　そこで私の提案。健康な赤ちゃんだということに、大いに興奮しようではないか。男の子であっても女の子であっても、親の感激がこれっぽっちも褪《あ》せることはない。誓ってもいい。周囲には、赤ちゃんができたことだけを伝えて、性別ではなく新しい命を共に祝えばいい。本当にお願いだ！　くだらないものを打ち上げるのは金輪際やめてほしい！

ヒント3

パパも「赤ちゃん教室」に参加し、分娩室に入るべし

ＭＪの妊娠中、子育てのマニュアルなど存在しないと周囲に言われたものだ。それは私にとって悪いニュースではなかった。だって、マニュアルが存在していたとしてもきっと読まなかっただろうから。真の男たるもの、教えられなくても何でもできるはず、そうだよね？（この本を書いていて、こんなふうに過去の自分がどれほど愚かだったかと思い出す度に、ひどく苦しい気持ちになる）

子どもや親がたどる旅は一人ひとり違うから、子育てマニュアルの決定版なんて、もちろんあり得ないだろう。それでも、生まれる前に準備をしておくべき親にとっての普遍的な真理とベストな方法がいくつかある。幸運にもそれらは「赤ちゃん教室」で習得できる。ほとんどの病院やファミリー・プランニング・センターで、無料か安価で参加することができる。入院の手順や、分娩室見学、人形を使ったオムツ交換の練習もできるし、様々な赤ちゃん用品について知ることもできる。そしてたぶん、実際のお産の動画を視聴することにもなるだろう。

お産の動画……これには、まいった。

生物学の基礎は分かっていたつもりだし、赤ちゃんの作り方や、どんなふうに生まれるかだって理解できている。でもそれはどれも理論レベルの知識でしかなかった。それに、ハリウッド映画では、美しい女優が十三秒ほど苦痛で叫び、一度うめいてから、まるでアバクロンビー&フィッチの広告に出てきそうな完璧にクリーンな（実際は生後六ヵ月ぐらいの）赤ちゃんが誕生する。その間もなぜか母親のメークはパーフェクトなまま。でも「赤ちゃん教室」の出産ビデオは、華麗なハリウッド的妄想を突然、そして激しく拭い去るものだった。

そう、ビデオにはすべてが映っていた。陣痛、苦しい「いきみ」、それから赤ちゃんの頭が見え始めて、スイカほどの小さな人間が、どういうわけか、奇跡的にレモンぐらいに広がった出口から出現する。やっと訪れるフィナーレは、ちっちゃくて、しわだらけの、クシャクシャな顔のエイリアン。ロマンティック・コメディ定番の輝かしくも美しい映画的赤ん坊とは、似ても似つかない。それに、「あれ」も映っている。そう「後産」だ。個人的に私は後産に一番打ちのめされた。後産をすぐ捨てられるように大きなゴミ箱が運び込まれるんだ。「**ゴミ箱**」だよ！　未曽有のテクノロジー驚異の現代に、後産の処理にもっと優雅な方法がないものだろうか？（胎盤専用のロボット掃除機ルンバとか）でも、そんなものはない。「ゴミ箱」さ！　そしてゴミ箱は、ビデオの母親の後産でほぼいっぱいになった。

他の父親たちを見回した。私も彼らも、明らかに、今日「赤ちゃん教室」に来た時と帰る時では別人になっている。一人の男がつぶやいた。「ムリ！　俺こんなのムリ！」。私もつい一瞬頷《うなず》いてしまった。でもすぐに自分を立て直すことができた――私にしてはめずらしく！

当然、分娩室には入るつもりだった。だって、私が結婚した女性が、私が作るのを手伝った赤ちゃんを出産するのだから。父親としての最初の正式な行為なのに、不快なものを見たとたんに逃げ出すなんて、とんでもない。そんなことをしては、今後の流れが決定づけられてしまう。それに分娩台の上で苦しんでいる妻はどうなる？　彼女たちはそこから逃げられないということを男たちは知るべきだ。

出産は美だ！（まあ、後産は少なくとも視覚的には、そうではないけど）全体的に言って、新しい命を世の中に産み出すことは、これまで人生で経験した中でも、最も感動的で強烈でとてつもなく意義のあることの一つだった。男の中には、女性のヴァギナを二度と愛情を込めて見ることができなくなるから、出産に立ち会いたくないと言う輩もいるが（それも本気で）、愚の骨頂だ。そんなやつはクソだ！　それどころか私にとって、出産に立ち会った経験は、ヴァギナへの新たな尊敬となったし、三人のマンモス大の男の子を産んでくれた、強靭で勇敢な最高にかっこいい妻を何十億倍も愛するようになった。

父親たちよ！　「赤ちゃん教室」の授業を受けようじゃないか。そして分娩室で、新しい父親としてのスタートを切ろう！　父親として授業を受けることは、二人の新しい冒険を、どれほど大切に思っているかを示すことにもなる。分娩室に現れることが、すでに父親業の半分なのだ。

妻は一人で闘っているのではない、今も将来もどんな時でも、自分は妻と子どもの側にいる。だから頼ってくれていいんだと示すことにもなる。言葉で表せないほど素晴らしい、二度と体験できない瞬間を、「有害な男らしさ」や男の脆弱さによって奪われてはいけない！　忘れないで！「真の男」は逃げないのだ！

母親たちよ！　大目に見てはいけない！　もうすぐ父親になる男たちが出産というプロセスに参加するのは、男たちにとって骨の折れる大仕事でもないし、それを彼らに期待するのは理不尽なことでもないのだから。当然のこととして考えよう。まともなパートナーがすべき最低限のことなのだ。しかし、当然期待されるべきことをやったからといって、男性に金星を与えていればハードルが低く設定されてしまう。すると男たちが低いハードルにやっと届く程度のことしかしなくなっても、だれも驚かなくなるだろう。でも同時にこんなことも覚えておいてほしい。何かを躊躇《ちゅうちょ》する男性がいても、それが常に怠惰のせいだと思い込まないでほしいんだ。恐れ、不安、うつ、その他にも様々な理由があるかもしれない。彼がその理由をあなたに話そうとしないなら、友人や、地域の父親サークルや、医師と話すよう提案してみてほしい。

ヒント 4

男性が流産について話してもいい

本書の一番悲しいセクションへようこそ。このテーマについて経験不足だったらどんなによかっただろう。私の妻は合計八回の妊娠をして、三人の子どもを出産した。三回は無事出産。四回は妊娠初期と中期の流産。そして、一回はシレノメリア（人魚体奇形）のため医療措置としての流産だった。この時は夫婦関係が壊れかけたが、それはまた後で述べるとしよう。

流産について話すのは、ほとんどの人にとって居心地が悪いだろう。でも必要なことなんだ。統計によれば妊娠の一〇〜二〇パーセントが流産に終わるという。[*12] これほど多いのに、流産について声を潜めて話しているのは、今でもほぼ女性だけ。とても残念なことだ。だって周囲の人間も、流産によって心が痛むのだから。

私が二十七歳の時、MJから父親になると告げられて、すごく興奮した。その日、MJにレストランに誘われた。そこで彼女は紙袋を投げてよこした。中に体温計のようなもの（でもそれは「妊娠」の文字が浮かび上がった体温計だった！）と、野球チーム、ボストン・レッドソックスの、世界一小さなユニフォームが入っていた。泣くまいとしたが、すぐに涙が堰を切って流れ出し、次の瞬間には感極まって泣きじゃくっていた。レストランの真ん中で私はひざまずいてMJのお腹にキスをした。そして泣きながら、「父親になるんだ！」とレストラン中に聞こえるように叫んだ（今思えば、他の客にとっては恐怖でしかなかっただろう）。

突然、頭の中で計画が順調に動き始めた。名前は何にしよう？　男の子かな？　女の子かな？　よい学校区に引っ越すべきだろうか？　赤ちゃんが私ではなくてMJ似だといいな。子どもにはどんなスポーツをさせようか？　父の日には釣り旅行に行こう……なんてことから、ハーバード大学の卒業生代表に選ばれて、卒業式のスピーチで両親に感謝の言葉を述べるところまで想像は果てしなく続いた。圧倒されそうな、でもなんとも素晴らしい想像だった。だって、その時は、文字通りどんなことでも可能だと思っていたから。限りない可能性に言葉にできないほどワクワクしていた。

その二週間後に起きたことは決して忘れられないだろう。トイレでMJがパニックを起こして叫ぶのが聞こえて、私はトイレに走った。トイレの中に落ちていたものが何であるかははっきり分からなかったけど、それが悪い知らせであることは、本能的に理解できた。最愛の人がひどく取り乱している時に、私は未知の恐怖と大きな無力感に包み込まれていた。今でも忘れられない。何一つ自分にできることはない。そしてこう考えていた。「**ぼくは**いったいどうすればいいんだ？」

たいていの男は、危険や苦難に見舞われても、強く、寡黙で、ストイックであれと教えられてきた。幸運にも私の両親の場合、夫婦関係のコミュニケーターが父であったため、私は父をお手本にオープンで率直なコミュニケーション力を身につけることができた。父なら、私が自分の気持ちを正直にMJに伝えるべきだと思っただろう。でもその時の私はパニくって、奥深い潜在意識にスイッチが入り、原始人のDNAが頭を持ち上げた。そして「庇護者」モードに突入し、即座に妻をなだめるために問題を一つずつ解決しようとした。妻と病院に行き、何が起きたのかを知り、妻が大丈夫なことを確かめ、それから再び妊娠を試みるためにどう前進すればよいかを考えようとした。その週、私はおよそ一万回も妻に、「大丈夫？」と尋ねたにちがいない。素晴らしい家族や友人が、妻を思いやりと優しさで包んでくれたし、周囲の女性の多くが、これまで話したことのない自身の流産について話してくれた。それはある意味、精神浄化作用となり、メランコリーな美となって、何もできない私は、ただただ敬服するのみだった。正直言えば、妬ましい気持ちにもなった。

男たちは、流産ということになると、まったく異常で、不安で、不確かな苦境に陥る。要するに、どんな役割を果たすべきなのか、どう行動すればいいのかが分からないのだ。私は妻のために自分がしっかりしなくてはと思っていた。つまり、自分にはメソメソする権利がないと思い込んでいたのだ。だって最終的には、彼女の体だし、体が受けた影響に対処しようとしているのも彼女のわけだし。彼女がこんなに苦しんでいるのに、自分のことをかわいそうだなんて思えるわけがない。それに私の悲しさは、どうあるべきなのか？ 自分は本当に赤ん坊を失ったのか？ その赤ん坊を悼《いた》むべきなのか？ さらに言えば、もうそれは、赤ん坊と呼んでもよかったのか？ 男の自分が、生存できなかった形さえない細胞の集まりのことを嘆いて泣いてもいいのか？ 形どころか、まだ名前だってなかった。生きて息をしていた子どもを失った人たちを知っているが、とうてい彼らの悲しみと自分の悲しみを比べることはできない。それに、はっきり覚えているのは、当時、**私に**大丈夫かと聞いてくれた人はだれ一人いなかったということだ。尋ねてくれないということは、尋ねる意味さえないということなのだろう。だから私は自分の感情を内側に閉じ込めて、岩になった。それがＭＪの必要としていることだと思ったからだ。波の中の硬い岩、妻が寄りかかれる、感情をもたない、動かない物体になろうとした。

もちろんそれは、とても愚かな考えで、逆効果でしかなかった。

実は、私は、期待が失われたことをひどく悲しんでいて、その憤りと失望が悪化して内側に閉じ込められてしまっていた。だれにも気づかれないと思っていたが、妻にはバレバレで、二人の関係にもかなりの緊張感が生じていた。ついに妻は私に真っ向から挑戦してきた。そして妻に無理やりカウンセリングを受けさせられて、この出来事が自分にとってどれほどのトラウマになっているかに初めて気がついた。このトラウマを現実だと認める罪悪感を乗り越えることができた私は、次にネットで父親業、妊娠、流産について語り合うグループを探した。そこで奇跡が起きた。

ネットで仲間が見つかったのだ。ネットの匿名性のおかげかもしれないが、ネットのグループではこれまでになかったほど正直になれた。そして堰を切ったように、私は自分と同じ困難に直面したり、自分と同じような不安感や罪悪感に駆られたりしている、すべての男性たちと対話し始めた。この社会は歴史上に類がないほど繋がり合える社会だ。そんな世界に生きる世界中の男たちが――まだ「男らしさ」というちっぽけな箱から抜け出せず、「有害な男らしさ」や、弱虫だと思われる恐怖におびやかされている男たちが、そこにいたのだ。そう！　自分の恐怖心を認め対処しようとすること、必要な助けを求めることは、弱いことなんかじゃない。強さそのものなんだよ。

流産はだれにとってもつらいもの。女性だけの問題ではない。実際に流産を体験した女性のほとんどは、感情を内側に閉じ込めた無感情なロボット男なんか欲しくないと言うにちがいない。彼女たちが必要としているのは、喪失感と失望を共に嘆き、思いやりの気持ちを見せることを恐れない、本当の意味でのパートナーだ。意地悪な人や、ウソくさいマッチョな愚か者が何と言おうと構わない。男性は、強靭な支えになれると**同時に**、豊かな感情的知性をもつこともできるのだ。それが分かっている男性があまりにも少ない。「有害な男らしさ」によって、よいパートナーになることや、ありのままの自分でいることが男たちから奪われている。父親として順調なスタートを切るには、お互いの感情に応えられるしっかりした基盤を作ることが必要だ。

ヒント5
自分は「有害な男らしさ」を免れていると思い込まない

ネットサーフィン、何千人もの父親との会話、父親グループの育児会議で講演をした経験などから得た、あまり科学的根拠のない発見によって、私は「有害な男らしさ」に関して人々がいくつかのグループに分かれると考えるようになった。

一つ目のグループは、「有害な男らしさ」や家父長制という言葉すら知らずに、毎日それに従って生きている人たち。それが彼らの普通で、自然な状態なのだ。知らないことを学ぼうとする心構えがなければ、たぶん、彼らは変われないだろう。

次のグループは、呼び名は分からなくても、「有害な男らしさ」に不快感を抱いている人たち。声にこそ出さないが、周囲の男たちの行動がどこかおかしいと思っている。それにもかかわらず、男のデフォルトに沿った行動をしてしまう。それしか知らないからだ。特に保守的な地域で育ったり、そういう地域に現在住んでいたりする場合によく見られる。彼らにとってラッキーなのは、まだ希望があるということ。問題について話したり、(この本のような)本や記事を読んだりするだけで気づきのスイッチが入る場合もある。気づきを得れば、悪循環を断ち切る可能性がある。そして成長するにつれて「有害な男らしさ」と闘う装備が備わる、感情的知性の高い男の子を育てられるようになるかもしれない。

最後のグループは、分かっている**はずなのに**、依然として罠にはまり、自分が「有害な男らしさ」に立ち戻っていることに気づかない男たち。自分はすでに「目覚めている」から有害な考え方や行動を免れていると信じ込んでいるので、気がつかないのだ。

自慢にもならないが、私自身は最後のグループだ。長い間、自分がそこに属しているなんて考えもしなかった。フェミニストの母親と、超リベラルな父親に育てられたのだから。今でも会うたびに「愛してるよ」と言ってキスをしてくれるような父なのだ。私はリベラルアーツ大学〔幅広い全人教育に重きを置く四年制大学〕で学び、エリカ・ジョング〔ベストセラー『飛ぶのが怖い』〔一九七三年〕で新しい女性意識を代表する作家となった〕の著作を読み、ヴァージニア・ウルフ〔一八八二〜一九四一。英国の女性小説家〕の授業をとった。ネットのフェミニストのサークルにも参加したし、家父長制を打倒すると誓ったし、二〇一六年の大統領選挙ではヒラリー・クリントンに投票した。二〇一八年には、マニキュアをして幼稚園に行っていじめられた五歳の息子のために立ち上がり、グローバル・インターネット上で束の間の名声さえ得た。

それなのに、特に自分の男らしさが脅威にさらされたと感じると、気づかないうちに古い習慣に逆戻りしてしまうことがある。たとえば、私は地元フットボールチームのニューイングランド・ペイトリオッツの大ファンだが、その週の対戦相手のクォーターバックを「女々しいやつ」と罵ったりしたことがあるかもしれない。二〇一六年大統領選のヒラリー・クリントンの敗北が私のトラウマになっていて、他の選挙で女性候補者に投票しなかったのは、その人に資質がないからではなく、彼女に十分な「好感度」がないと考えたからかもしれない。あるいは、長年私より稼ぎのよかった妻よりも高い報酬の仕事に就けた時には、思いがけず大きな衝撃を受けたが、同時に大きな安堵感が押し寄せたこともあったかもしれない。いや、**かもしれない**なんかじゃない。私が受けた教育や進歩的な育てられ方にもかかわらず、これらは実際に起きたことばかりだ。

家父長制と「有害な男らしさ」のもたらす危険を知ってさえいれば、自動的にそこから逃げられると思っていた。これは非常に危険なことだ。こうした考えに一度も触れたことのない人たちよりも、もっと危険かもしれない。

要するに言いたいことは、本当に問題を解決したり、解決の一端を担ったりしようとするのなら、自分の考えや行動を常に疑って精査することを怠ってはならないということなんだ。「有害な男らしさ」と前向きに闘うのは日々の挑戦だ。過去に一度闘ったから十分というのではない。今、赤ちゃんが生まれる前に、それができるようになれば、子どもにふさわしいお手本となる準備になるだろう。

自分も問題の一部だと気づくのは、特に自分のことを進歩的だと思っていると、非常に困難だろう。しかし、自省と変わろうとする積極性が、この不条理の解決に欠かせない、きわめて重要な要素なのだ。父親になろうとしている人なら、頭に叩き込んでほしい。「有害な男らしさ」から抜け出すゴールラインなどないということを。自分は免れていると思い込んでしまうほど、それはあまりにも深く社会に埋め込まれ、男女問わず私たち全員に沁みついているのだ。だからご用心！　変化を起こすのは一生の仕事だ。

でも必ずその価値はある！

第２章

おめでとう！あなたは親になった
——ジャングルへようこそ

子どもの誕生はとても素敵で素晴らしいことだ。初めて赤ちゃんを抱き上げたり、笑い声を聞いたり、赤ちゃんに指を握られてじっと見つめられたり……あなたが赤ちゃんの側に、いつだって永遠にいることも**赤ちゃんはなぜか、**ちゃんと知っているのだ。それって、もう奇跡だよ！目新しいオムツ交換も全然気にならない（少なくとも初めのうちは）。

しかし喜びも束の間、じきに、くだらない問題に遭遇して、自分のジェンダー観を問い直さなくてはならない日が到来する。それは親に課せられるテストなのだ。

おかしなことに、そうした問題のほとんどは表面的には無害に見えるし、言葉で表されないことがとても多い。たとえば、食事の用意をするのはだれ？　赤ちゃんが熱を出した時の対処法を知っているのはだれ？　病院の予約をとって、赤ちゃんの発育記録が記されたあの小さな母子健康手帳を毎回持って行くのを忘れないのは、だれの仕事？　さらには、予防接種について調べるのはだれ？（ところで、お願いだから**子どもには絶対に予防接種を受けさせてほしい！**）

異性間の伝統的な婚姻の多くでは、生活費を稼ぐのは男で、こうしたことは女性が担当するものだと単に思われている。実際、**自分も**そう思っていた。しかし、うちの場合は妻が長時間働いて家計を支えていたため、長男が誕生すると、こうしたことは私がすべて引き受けるはめになるのかと思った。こんなふうに考えたことは、ジェンダー・ステレオタイプがいかに狡猾に私の頭の中に潜入していたかを物語っている。子どもの頃、母が育児のあれこれを一手に引き受けていたのも見てきたので、そういうものだと思っていた。でも、もっと多くのカップルが、家事や育児についてよく話し合って、初めから役割を分担するべきだと思う。男たちも、こうした責任の一部を担うべきだと気づかなくてはならない。

さてここからは、赤ちゃん誕生後すぐに訪れる　重大な分岐点について話そう。

ヒント 6

（可能なら）産休・育休をとろう

はっきり言って、アメリカ合衆国は親の有給休暇という点においてバカバカしいほど遅れていて、それは実に恥ずべきことだ。インターナショナル・リーブ・ネットワーク〔職場の休暇やジェンダー雇用などについて話し合う、四十七ヵ国の六十人の専門家による国際的な団体〕が二〇一六年に先進国四十ヵ国の職場の休暇について調査した結果によれば、アメリカは出産後、父親に何らかの有給の育児休暇取得を義務付けていない二つの国の一つだという。[*13] アメリカ合衆国労働省の包括的な政策提言「共働きの家族にとって父親の育児休暇取得がなぜこれほど重要なのか（Why Parental Leave For Fathers Is So Important For Working Families）[*14]」が、（数週間から数ヵ月の）男性の育児休暇は、「親子の絆を深め、子どもの成長によい結果を与え、家庭と職場におけるジェンダーの公平性を高めることさえできる」と述べているのにもかかわらず、育休をとった男性のわずか一三パーセントだけが有給だった。FMLA（Family Medical Leave Act：家族医療休暇法）によって無給の休暇が保証されてはいるが、多くの家庭にとって、両方の親が（片方の親であっても）給料を失う余裕はない。この国で有給休暇を取得する母親の数さえ、まだ十分とは言えないのだ。

少し話を戻そう。男性や女性の育児休暇が問題なのは、政府がそれを付与しないからという理由だけではない。

出産のトラウマに耐えているのは女性の体なのだから、異性愛関係にある男性の多く（ここには私も含まれる）は、大切な妻の回復だけに目を向けて、自分が育児休暇をとるなんて、考えもしないのだ。よく考えると、これは愚かなことだ。女性の回復を助けるのに、男性が家で家事や赤ん坊の世話をして、女性がすべてをやらなくても済むようにすること以上によい方法があるだろうか？

しかし、男性が育休をとることには文化的な不名誉がつきまとう。たとえば、赤ん坊が生まれたり、養子を迎えたりした時に、男のあなたが休暇をとれば「ヤワなやつ」と思われるだろう。「ホンモノの男」は働いて稼ぐことが期待されているのだから。さらには、とても現実的な問題もある。育休をとると出世や昇給の面で差別を受けるかもしれないのだ。

二〇一四年、野球チーム、ニューヨーク・メッツのダニエル・マーフィ内野手は、妻の出産後に育休をとって試合に戻らなかったことを公然と非難された。息子が誕生し、シーズンの初めの二試合に欠場したマーフィは、三人のラジオのスポーツキャスター、ブーマー・アサイアソン、クレッグ・カートン、マイク・フランセサから酷評されたのだ。[*15] アサイアソンは、自分ならシーズン前に妻に帝王切開をさせておくと言い、もう一人のキャスターのカートンも「さっさとチームに戻ってプレーすべきだ。……母乳を出せるわけじゃあるまいし、お前にできることなんか何もないさ」とコメントしたのだ。アサイアソンの帝王切開を選ぶべきだったというコメントは特に問題だった（彼は後日、不適切なコメントだったと謝罪した）。帝王切開は大手術だし、回復にももっと時間がかかる。したがって妻の回復を助けるために、夫はより長く家にいなくてはならない。クレイジーなやつだと思われるかもしれないけど、私はこう思うんだ。自分が仕事に早く戻るために、妻に数週間の余計な苦痛を与えるなんて、「真の男」のやることではないと。だって、家族を守るのが真の男じゃないか。

「ボストンカレッジ 仕事と家族のセンター」の二〇一三年の報告書「新しい父親――仕事（とライフ）の変化（The New Dad: A Work (and Life) in Progress）」によれば、子どもが生まれて二週間以上の育休をとった父親は二十人に一人しかいない。四週間以上の育休に至っては、百人に一人だという。この研究対象となった父親の七七パーセントが、もっと家族と時間を過ごしたいと感じているものの、実際は職場環境や業務上の都合で不可能なのだという。[*16]

私自身、育休についてあらゆる経験をした。二〇〇八年に長男が生まれた時、私は新聞記者として働いていたが、有給の育児休暇のオプションがなかったので、二週間の有給休暇を育児休暇として使った。それができたのはよかったと思うが、育休をとる時期について、次のヒントへと進もう。

ヒント 7

できればパパは育休をずらしてとろう

一人目の子どもが生まれた時、何も知らなかった私は出産直後に育児休暇をとった。それは理にかなっているように見えても、実はとても理想的とは言えない決断だった。その理由は経験者にしか分からないかもしれない。

第一に、アメリカでは自然分娩後の数日は入院、帝王切開後は四、五日の入院となるため、たとえば夫の一週間の育休は、入院期間でかなりつぶれてしまう。それに、家族によって状況は違っても、たいていの場合、出産直後はだれかしら夫以外の家族が常にいてくれるだろう。だれかが一週間いてくれるのなら、その期間は休暇日を貯金しておいて、出産の数週間後にとるといい。助っ人が帰ってしまい、睡眠不足と、夜中のべつまくなしに起こされる育児のつらさが訪れる頃だろうから。

出産の数週間後が最も必要とされる時間だったのに、それまでに私は有給休暇を使い果たしてしまっていて、家族医療休暇を無給でとるのは経済的に苦しかった。したがって、有給休暇もオプションも尽きて、混乱と困惑を抱えながら新米パパは仕事に復帰せざるを得なかった。自分自身と新生児の世話に苦悩する妻に、涙ながらに別れを告げた。家庭で十分な時間を過ごせなかったストレスが、すぐ仕事に現れた。その頃の私は、今にもおぼれそうな惨めで非生産的な社員でしかなかった。

そのことを思い出すといつも気がとがめる。自分の時間をもっと賢く使えていれば、そんな状況は緩和されたはずだから。

ヒント 8

育休はしっかりとって、そのことを周囲にも伝える

次の二人の子どもが生まれた時は、状況がもっとよくなっていた。私はＩＢＭに就職していて、次男が生まれた二〇一三年には、二週間の有給休暇をとることができたし、二〇一五年に三人目が生まれた時には六週間の有給休暇が取得できた。その一分一秒を完璧にしっかり取得した。それは妻と子どもたちのために家にいたかったというだけではない。職場の他の男性たちに、男が育休をとってもおかしいことなど何もないと伝えたかったのだ。そうなんだ！　育休をとっても会社から罰せられる恐れなどない。それに究極的に、育児に参加できるワーク・ライフ・バランスのとれた父親となって、会社にとってもよい社員になれるはずだ。

育休はとるだけではダメだ。しっかり正しく使わなくては。育児休暇から戻った時、「バケーションどうだった?」と何人かに聞かれて、猛烈に腹が立った。生まれてまだ数週間の赤ん坊の世話をしっかりやった経験のある人には、それがバケーションなどとは程遠いと分かっているは

ずだ。特にさらなる要因——つまり妻の産後うつや、赤ちゃんのコリック（黄昏泣き）や、その他の健康上の問題などがあると、いっそう大変だ。

私は育休を、妻を助けたり、長男が一人っ子からお兄ちゃんになるサポートをしたりしながら過ごした。長男のお弁当を作り、遅刻させずに学校に送り、同時に赤ちゃんに必要な物がそろっていることも確かめた。なにより貴重だったのは、赤ちゃんとの絆を築く時間がもてたことだった。彼を抱っこし、オムツを換え、夜中に起きて妻の授乳を助け、赤ちゃんの発する声の意味を学ぶのが、一日のルーティンになった。

父親なんか、邪魔なだけだと言う人もいる。「母乳が出るわけでもなければ、母親のような子育てDNAも備わっていないから」と言う。でも、それこそが家事の不公平を引き起こす有害なナンセンスなんだ。耳を貸してはいけない。私は、赤ちゃんがおっぱいに吸いつけなくて妻が困り果てた時に助けられるように、妻と一緒に母乳教室にも通った。いかなる緊急事態にも対処できるように乳児のCPR（心肺蘇生法）のクラスにも行った。女性が生物学的に育児に適しているわけでは決してないし、女性のDNAによりよい介護者になる秘密のトリセツが刷り込まれているとも思わない。育休に完全に飛び込もうとしない、あるいはそれができない父親は、この先の父親業の土台となる多くの初体験ができなくなってしまう。育休は、父親が育児の傍観者とならず、積極的に子育てに参加できるようになるまたとないチャンスなのだ。

オムツが濡れているのか、お腹がすいているのか……赤ちゃんが発する声の意味を聞き分けられるようになることほど、大きな満足感はない。正直言って簡単なことではない。でもその価値は大いに、いやそれ以上にある。

ヒント 9

ママとパパに対する評価基準が同じだと思ってはいけない

さて、育休中であってもそうでなくても、いずれ赤ちゃんを連れて外出する機会が訪れるだろう。長男ウィルが生後一週間の時、妻と三人でウォルマート・スーパーマーケットに出かけた。オムツかぶれ用のクリームなどの必需品を買うための外出だったが、それまで思ってもみなかったことを、多く学ぶ機会となった。

私は店内で、ウィルを抱っこ紐に入れたＭＪの前を、ボディガードかアメフトのオフェンスラインマンよろしく闊歩した。今でもはっきり覚えている。妻と息子に接近するものがあれば、何であろうと打ちのめしてやろうと、勝手に考えていたのだ。いくつかの通路を過ぎてやっと、おびただしい数の「お尻クリーム」セクションにたどり着いた時、何人かの人がこちらを見ているのに気づいた。ウィルに「あら、かわいい！」だの、「見て、見て！　なんてちっちゃいの！」だのと賛辞を浴びせかけてきた。特に変わったことでも不思議なことでもないよ。その時、ＭＪが気分が悪くてトイレに行きたいと言うので、私はウィルを妻の抱っこ紐から取り出して、しっかり抱きかかえた。

その時だ。すべてが始まったのは。

一人、また一人。不思議な規則正しさで、あらゆる年齢の女性が私を称賛しに集まってきた。

「なんていいパパなんでちょ！　抱っこしてもらって、いいね！」

「パパが育児を手伝ってくれるなんて、ママはラッキーでちゅね！」

「今日はパパがベビーシッターなのね！」

正直に認めよう。そう言われても初めは全然変だとは思わなかった。むしろ大いに浮かれていた。だって、そうだろう？　すっかり父親らしくなった新米パパを、みんなが褒め称えてくれるのだから。こんないいことって、ないよね？　スポットライトを浴びるのも大好きだし、時には注目だってしてほしい。私は新米パパの栄光に酔いしれていた。

百万人目のファンの礼賛を受けていた私を、妻があきれた表情でせせら笑うまで、何かまずいことが起きているなんて、気がつかなかった。「いったい何が問題なわけ？」と妻に尋ねると、彼女の言い分はこうだった。

「ウィルを抱っこしているだけで褒められていたよね」と妻。

「そうじゃないよ、育児に参加している父親を好ましいと思ってくれただけだよ。それって、何が問題？」と私が逆襲。

ここでMJは正義のナタを振り下ろした。「へえ、そう？　私がスーパーでウィルを抱いているだけで、いったい何人の人が、いい母親ね、と褒めてくれると思う?」

クソ、やられた!

「あなたは、子どもの世話をしているだけで『ベストパパ賞』に輝くわけね。当然するべきことなのに。それこそ、クソじゃない! しかも『パパがベビーシッターなのね』って言われて腹が立たないの? あなたはウィルの父親でしょ? ベビーシッターじゃないよね? 自分の子どものベビーシッターなんか、あり得ないでしょ!」

またもや、彼女が正解だ。はっきり分かっていたはずなのに、それが見えなかったことに自分でもあぜんとした。父親のハードルはあまりにも低く、最低限のことをしただけで、受ける価値のない称賛を得る。一方、女性に期待される多くのことは、「グッジョブ」とすら見なされない。人が褒めるつもりで言っているのに反論するのは、常識に反しているし失礼でもあるだろう。それは分かっている。父親に対する社会的認知について声を上げている私が、皮肉にも、褒め言葉を浴びせかけられるのを拒絶すべきだと言うのは、おかしいと思うかもしれないね。でもそれこそが、男女問わず、やるべきことなんだ。新しい父親像を築き、母親vs父親の過剰にジェンダー化された役割分担や不公平な規範を助長しないために必要なことなのだ。

でも、どうすれば、友だちを失くしたり遠ざけたりしないで、そんなことができるのだろうか? 彼らはただ優しくて親切なだけかもしれないのに。

ちょっと機転をきかせればいい。忘れないで。彼らはあなたを褒めようとして、うっかり落とし穴に落ちてしまっているだけなのだ。そこに落とし穴があることにさえ気づいていないかもしれない。したがって、彼らに嚙みついてはいけない。穏やかに反論しよう。叱るのではなく啓蒙するのが目的だ。たとえば、子どもをかわいいねと褒められて、「パパがベビーシッターしてるの？」と言われたら、「ありがとう！　ぼくはベビーシッターじゃないよ。この子の父親なんだ。だから父としてやってるだけだよ。ベビーシッターじゃないんだ。でもご親切にありがとう。じゃあね」と答えればいいのさ。

たしかに、そう言われて腹を立てる人も、神経を逆なでされる人もいるだろう。でも気にしない人も、あなたの言葉から何かを学びとってくれる人も、同じぐらいいるはずだ。私もこれまでに何度か、相手が発言を考え直すきっかけとなるような、とても有意義な会話をしたことがある。それは、私がただ黙って相手の言葉に相づちを打っていただけでは得られなかったことだろう。私たちはＳＮＳも好きだし、自分の意見を広大なネットの世界にぶちまけるのも大好きだ。でも、もし実際に変化を起こそうとするのなら、対面による会話ほど効果的なものはない。一人ひとりがこんなちょっとした会話をするだけで、とても大きな影響力になるはずだ。

三人目の息子が誕生した頃には、上の二人の息子たちは、こうした会話を耳にすればリアルタイムで心に留めて吸収できる年齢に達していた。もし私が反論しないで黙っていたら、時代遅れで有害な世界観を助長するような善意による褒め言葉が、感受性の強い少年の頭の中で固まってしまうだろう。そして彼は、ママが育児や家事をするのは当然で、パパは現れるだけで不必要に称えられるものだと考えるようになってしまう。親は、子どもに学ばせたい行動や教訓の模範を自ら示すことを目標にしたい。

ヒント
10

ジェンダー・ステレオタイプ的な洋服や製品は避ける

私は決してファッショナブルとは言えない。クロゼットのTシャツの七五パーセントは、ニューイングランド・ペイトリオッツ（アメリカンフットボールのチーム）や、ボストン・レッドソックス（野球チーム）のシャツだし、ジーンズやカーゴパンツで一生暮らせたら理想的だと思う。新生児の息子の服装に関しては、ライバルのニューヨークのスポーツチームのユニフォームでさえなければ、なんだって構わない。

と思っていたら、またしても間違いだった。不正解のベビー服を着せたせいで、私は巨大な怒りの渦に巻き込まれることとなったのだ。

子どもがいると、周囲の人が実に奇妙な服をプレゼントしてくれるものだ。彼らがおもしろいとか、かわいいとかと思っている服でも、ドン引きすることがほとんどだ。親戚が送ってきた服には「鍵をかけて娘を閉じ込めろ」（ヒント①でも述べた）という文字が。マジか？　それは、ろくでもない男のステレオタイプを生むだけではない。生来の野獣的衝動を抑えられない新生児の息子の毒牙にかからないように、「娘たちを隠せ」、と宣言しているわけで……こんな「ジョーク」がどれほど問題なのかは明らかだ。お前の娘たちを、うちの息子が追いかけるなんて、どうして分かるんだ？　うちの息子はゲイかもしれないぞ。だったらお前の息子も隔離しろよ！　しかも、もし息子がバイセクシュアルだったら、ああ、神よ！　だれにも危害が及ばないように、息子にハンニバル・マスク〔映画『羊たちの沈黙』の人食い猟奇殺人犯が装着させられたマスク〕を被せて精神病院に閉じ込めておけとでも言うのか！

ある時、「ママのちっちゃなプレイボーイ〔原文はStud：ガタイのいい男、女性関係の盛んな男、そもそもの意味は種馬〕」と書かれた不快きわまるロンパースを、どういうわけか妻が持ち帰ってきた。私は困惑した。息子をエディプス・コンプレックス〔性的に母を所有して父を排除したいという願望〕（絶対、絶対、そんなの嫌だ！）にしたくないなら、母親は息子の性的征服を誇りに思うべきなのか？　そんなの不気味でしかない！　母親がブリーダーよろしく息子を種馬扱いするのか？

女の子の服も同じことだ。実際は、もっとひどいかもしれない。男児のシャツの傾向として、「賢い子」とか、「将来の天才」なんていうのがよくあるが、女児のシャツは、「チェリー」「キャンディ」「きれい」「かわいい」といったものばかりだ。最悪なのに「私はキュートだから宿題なんかしなくていいの」というのがあったが、販売していたデパートJ・C・ペニーは正当すぎる反発運動を受けて、店の棚からこのシャツを引き下げざるを得なかった。[*17] 二〇一三年には、チルドレンズ・プレイスという子ども服メーカーの女児向けTシャツがSNSで非難を浴びた。「私の好きな科目」の下に並んだ「買い物」「音楽」「ダンス」にはチェックマークがついているが、「算数」にはついていないというシャツだ。「パパみたいに賢い」男の子Tシャツ、女の子の「ママみたいにきれい」Tシャツもある。他にも例を挙げればきりがないが、言いたいことは分かってもらえるだろう。性別に関係なく、私にとっての大きな疑問は、「赤ん坊を不必要に性別化するなんて、バカじゃねえのか！　そんなクソは、もうとっくにやめるべきだったんじゃないのか？」ということだ。

前にも述べたように、こうしたことは、大人たちが気づかないうちに、男の子からも女の子からも可能性を奪い、独断的に無意味な制限を課すことなのだ。「たかがTシャツ」ではない。国中の何千万人もの人たちにこんな観念が押し付けられるのはジョークとは呼べない。こうした行為は、子どもたちを社会的かつ文化的に作られた箱に閉じ込めることに他ならない。その箱によって、子どもたちのアイデンティティ、自己表現、自尊心、可能性が抑え込まれてしまう。子どもには、どんなことでもできると思ってほしいと親は願う。だから、頼むよ！　可能性を抑えつけてしまうような、くだらないゴミを子どもに着せる前によく考えてほしい。

長男の誕生後に、妻がどこからかロンパースの写真を持ってきた。それを見て、私はほとんど発狂しそうになった。ロンパースには「パパでも着せられるシャツ」と書かれていて、三方向に矢印が描かれている。「↓頭」「↓腕」「↓足」――（まぬけなパパでも）矢印通りに着せればいいんだ。間違えるなよ、というわけだ。なぜなら、パパはヘルプなしにはどうやって赤ん坊の世話をしたらいいか分からないから。

すでに読者の中に、ため息をついたり、あきれたりしている人がいるのも想像がつく。私を神経質すぎるとか、口うるさいとかと思うかもしれない。でも正直言って、これはもっとずっと深刻な問題のほんの一部だし、思っているよりはるかに複雑な問題なんだ。子育てに関していかに父親がまぬけかという冗談は、父親への期待値が低くてもよいというメッセージに他ならない。残念なことに多くの男性が、社会が低く設定したハードルを内在化させてしまい、最低基準さえ満たせばいいと思ってしまう。これは父親にとってだけでなく、母親たちにとっても非常に有害だ。母親にほとんどの育児義務を負わせ、すでに肩に乗りきらないほどの重荷にさらに負担をかけることなのだ。しかも、先に述べたようなロンパースの言葉は当然赤ん坊には読めなくても、三歳や四歳の幼いきょうだいには読むことができる。言わせてもらうけど、子どもって親が思っているよりずっと賢くて直感力があるんだ。だから信じられないほど、素早く気づいて吸収してしまう。

私が一生かけても理解できないのは、「有害な男らしさ」の問題（それには育児も男の仕事だと思う男があまりにも少ないことも含まれる）があると知っている人でも、なぜ子どもにわざわざ、そんな服を着せるのかということだ。それは問題を悪化させ、「男」としての道を歩み始めたばかりの男の子の品位を落として、彼を疎外することではないか。たかがロンパースかもしれない。でも小さいことが積み重なり、ジェンダー化されたデタラメを受け入れる度に問題が永続化される。それでは、自分で失敗のお膳立てをしているようなものなのだ。

だから、やめてほしい。男性や女性を侮辱するような服を子どもに着せるのは。まだ歩くことも話すこともできない乳児をジェンダー化しないでほしい。女性蔑視や性差別や反父親的なニュアンスのない服だってたくさんある。有害な子ども服を避けるだけでなく、気づいたら声を上げることによって、あなたは正しい方向へ向かって、小さいけれど重要な一歩を踏み出すことになるのだ。

でも、ぼく的には、「まだおしゃべりできない赤ん坊だけど、ニューヨーク・ヤンキースは大嫌いよ！」なんて書かれたロンパースなら、大歓迎さ！

ヒント 11

保護者はゲートキーパーになるな

親になるまで「母親のゲートキーピング」という言葉を聞いたことがなかった。でもこれは、「有害な男らしさ」を助長させ、問題の多いジェンダー役割を強固にする重要な問題だ。『婚姻と家族ジャーナル』に発表された研究によれば、「ゲートキーパーの母親」は、子どもの片方の親（通常は母親）が、完璧さを求めてすべてのプレッシャーを一人で抱え込み、育児のすべて――細かいことまでも――が「正しく行われるように」育児義務を一人でため込んでしまう。[*18]

残念なことに、異性愛関係では、「正しいやり方」は「**彼女のやり方**」を意味するようになってしまい、父親は疎外され仲間外れにされたと感じることがよくある。すると、父親は子どものためにすべきことや育児からますます遠ざかる。そして双方に不満が鬱積し、父親の、「自分にはできない」というネガティブな思い込みが現実になってしまう。女性が育児により多くの時間を費やすことは、彼女の職場での時間の減少を意味しキャリアにも悪影響を与える。一方父親は、基本的な育児や家事に関わる必要性を感じなくなるだけでなく、関与しようとしてもスペースがなくなる。

「母親のゲートキーピング」を研究しているオハイオ州立大学の人間科学と心理学の教授、サラ・ショップ・サリバン氏は、CNNテレビのインタビューでこう述べている。「ゲートキーピングとは、女性が、よい母親の社会的基準をどれほど内在化するかによって違ってくるようです。（よい母親に見られたいという）気持ちが強ければ強いほど、その領域のコントロールを明け渡すことはありません[*19]」。しかし母親だけに限ったことではない。『家族心理学ジャーナル』に二〇一七年に発表された研究では、ゲイの父親も、社会からのプレッシャーや、よい親だと評価されたいという気持ちから、ゲートキーピングの傾向に陥ることがあるという[*20]。

私の体験を話せば、当初、この問題は我が家でも静かに出現し始めていた。まだだれも何もおかしいと思っていなかった。妻のＭＪは素晴らしい母親だが、世の母親の圧倒的多数がそうであるように、どこにいても、だれもが自分のなすことすべてをジャッジしていると感じていた。赤ちゃんが生まれた時でさえもそうなのだ。でも赤ちゃんに関しては特に何も間違いはないはずだし、人から評価されるなんてことは、本当はあり得ない。ところがMJは、あることにこだわった。赤ちゃんの服だ。外出の度に、彼女がウィルを、まるで小さなファッションモデルのように、カラーコーディネートしたステキなファッションで着飾らせるのを見て、私はあきれていた。でも妻がうれしそうだから、反対する理由などなかった。私がウィルと外出する時は、ファッションより機能性を重視した。つまり、カラーコーディネートも、縞模様も無地も関係ないし、まるで服とマッチしない（と批判される）帽子だって被せる。天候に適した服を着せていれば十分だと私は思っていた。赤ん坊のファッションを取りざたする人なんてだれもいないさ。

いやいや、妻は無茶苦茶ムカついていた。外出先からウィルの写真を妻にメールすると、彼女は動転して、その服装は「間違っている」と怒鳴りつけてきた。そのうち、私が一人でウィルの世話をする日には、妻が前もってウィルの服をレイアウトしておくようになった。理由を尋ねると、息子に何を着せたらいいかが私にはまるで分かっていない。だから自分が代わりにやらなくてはならないと言うのだ。それって、ひどいと思った。馬鹿にされたと思った。最悪なのは、二人一緒の子育てのはずなのに、私がパートナーからまるで信用されていないと感じたことだ。MJにそう伝えると、彼女サイドの話をしてくれた。母親としての特別なプレッシャーというものがあって、それは男にはとうてい分からないということ。父親は赤ん坊の命さえ守っていればヒーロー扱いされるが、母親の場合はそうではない。カラーコーディネートされていない服や、インスタグラムに載せる価値のない服を着せて外出すれば、激しい批判に耐えなければならない。でも私たちは話し合って、お互いの立場をより理解できるようになった。そして妥協と合意に達した。一人で子どもと外出する時の子どもの服装はその人の好きなようにすること、そして相手はそれにネガティブなコメントはしないこと。おかげで、さっそく効果があった。

ゲートキーピングは育児以外の多くの領域にも起きて、パートナー間に大惨時を引き起こすだけでなく、それを見ている子どもたちにも影響を与える可能性がある。

そのいい例が家事だ。あなた（あるいはパートナー）が、タイプA〔二一頁訳注を参照〕の性格で、皿の洗い方、洗濯物のたたみ方、料理の仕方、芝刈りのやり方といった作業において、常にパートナーを「手伝い」という立場に置いていると、非常に激しいゲートキーピングが起こる傾向がある。私も芝刈りについては有罪だ。自分特有の芝刈りのシステムや、芝のフィニッシュにもこだわりがあるから、もしMJが芝刈りをしようとしたら（もっとも、彼女は芝アレルギーだからあり得ないけど）、おそらく私はカンカンになるだろう。一方、妻は洗濯物のたたみ方に**強烈な**こだわりをもっている。彼女は、私が以前手伝った時、イライラがつのって本当に蕁麻疹が出たことがあった。そして私がいないところで、全部をたたみ直していた。

しかし本当のダメージは、このような強硬なジェンダー・ステレオタイプを子どもが目にすると、彼らの将来の世界観にまで影響が及ぶことなのだ。両親の習慣を見て育ったうちの長男は、芝刈りは男性がして、洗濯は女性がするものだと思っていた。さて、彼が七歳になって「そろそろ自分の洗濯をしなさい」と言われた時、どうなったと思う？

「どうしてしなくちゃいけないの？　それは女の子の仕事だろ？」

　私も妻も大学教育を受けた、マサチューセッツ州の進歩的なリベラルで、ジェンダー・ロールに関心を払い、夫婦間の育児の平等が重要だと思っている。それなのに、やらかしてしまった！　自分たちが闘ってきた問題そのものに加担してしまったのだ。こういう時に私は思い知らされる。ジェンダー・ロールが生活や社会にどれほど深く根差しているかということを。そして、いかにたやすくその罠へ逆戻りしてしまうかということを。

　ゲートキーピング問題の解決策は、細かいことを気にせずに、自分がパートナーを選んだのにはちゃんとした理由があると信じることだ。ネットで見たクールな波のパターンに芝が刈られていなくても、構わないじゃないか！　洗濯物がきちんと片づけられるのなら、シャツがいつものように完璧にたたまれていなくたって、いいじゃないか！　赤ん坊に冬は暖かく、夏はひどく汗をかかないような涼しい服を着せてさえいれば、ソックスの左右が違っていても、ストライプとチェックの服を合わせて着せていても、それがなんだと言うんだ！　そんなこと、どうでもいいではないか。重要なのは、どちらの親も憤慨させられることなく、双方が積極的に育児や家事に従事することだ。子どもたちに、公平な役割分担の重要性や、相互関係と相互尊重の上に築かれたパートナー関係を見せることだ。

ヒント 12

専業主婦・専業主夫をリスペクトする

私は一〇〇パーセント、無条件に、全身全霊をかけて子どもたちを愛している。私が作り出した三つの小さな命への愛の大きさと広がりを考えるたびに、ひざまずいて感謝したくなるほどだ。我が子たちと充実した時間を過ごすことに勝る喜びはない。

それでも私は専業主夫にはなれない。絶対ムリ！　自分には向いていないと思うし、もし週七日、毎日二十四時間、三人の息子の世話の責任をたった一人で負うことになれば、きっと気が狂うだろう。それに仕事が好きすぎて、やめるなんて考えられない。私の一〇〇パーセントの時間を子どもたちに一〇〇パーセント向けたとしても、私は彼らにとって最高の存在にはなり得ない。

自分にできないからこそ、世の専業主婦や専業主夫にこんなにも愛情とリスペクトを感じるのだろう。それが「世の中で一番大変な仕事」とまでは言わないが（だって石炭を掘るわけじゃないし、パジャマのままで仕事ができるし）、それが最も**重要な**仕事であるとは思っている。だからこそ妻が毎日していることに、いつも価値を感じている。彼女の仕事（そう、それは仕事なんだ）を認めて感謝している。その感謝の気持ちを必ず子どもたちの前で表すようにしている。

それが今の私だ。でもそうなるまでには、こんな道のりがあった。

新しい家に引っ越してすぐの頃、私はひどくフラストレーションを感じていた。郊外の住宅地に得たほんのささやかなアメリカンドリームの支払いのために、昇進を得ようとしてあくせく働いていたのに、なかなか思うように進まなかった。職場のイライラを家庭に持ち込まないようにしていたと自分では思っていたが、実際はそうでなかった。今でも忘れられないのは、長時間労働が三日続いたある日、長い一日を終えて帰宅した時のことだ。台所の流し台に汚れた食器が三日前からそのままになっているのに気づいた。そして、狡猾で遠回しな言い方をした。「ぼくが洗おうか」。すると妻が「私がすぐにやるから」と返してきた。でも、三日間の放置は、私にとってはもはや「すぐ」ではなかった。四日目には、もう我慢ができなくなっていた。そこで（自分としては優しく、性差別的ではない言い方で）、妻にこんなふうに言った。「みんな自分の仕事がある。きみはほとんど家にいるのだから、これはきみの仕事だと思う。三日放置した食器を洗ってと頼むのは、ぼくのほうが間違っているだろうか？」さらに、抜け目なくこう付け加えるのも忘れなかった。「もしフルタイムで家にいるのがぼくで、やるべきことをしていなかったら、きみにも当然ぼくを批判する権利がある」と。

その時、聞いていないと思っていた当時四歳の次男が会話に割り込んできた。そしてこんな一撃を放った。「パパは一生懸命働いてお金を作って、ぼくたちに色々なものを買ってくれるよ」。そして息子は妻に向かって、たしなめるように人差し指を振りながら「ママはお家でお掃除やお洗濯をするんだ」と言ったのだ。

クソッ！　なんてこった！

私は即座に、自分のとんでもない愚行を妻に謝罪し、すぐに次男サムにジェンダー・ロールについてしっかり話をした。私がママに向かって言ったことが大間違いだったということも。そもそも皿洗いについて妻に講釈を垂れる前に、私には知っておくべきことがあったのだ。その頃、長男ウィルが毎日学校から泣きながら帰ってきていた。そしてウィルは新しい町や新しい友だちを作る不安などから、弟のサムを責め、ひどくいじめていたのだ。弟の怒りは内在化され、それが激しい癇癪となって現れ、妻に対する身体的な攻撃となっていたのだ（後にサムにADHD〈注意欠如・多動症〉とODD〈Oppositional Defiant Disorder：反抗挑発症〉があることが分かった）。それを妻が私に告げなかったのは、仕事で苦労していた私が集中できるよう、「無関係な」ことを、少なくとも一時的に遠ざけようという気持ちからだった。その結果、すべてのプレッシャーが彼女一人にかかったため、何かを犠牲にしなくてはならなかった。この場合、それが皿洗いだったのだ。それなのに私は妻にとんでもないことを言い、同時に息子たちに「男は働いて稼ぎ、女は家のことをする」というメッセージを伝えていたというわけだ。

妻はもう十年ほど外で仕事をしていなかったが、私は子どもたちに彼女の以前のキャリアについて話をした。彼女がバンク・オブ・アメリカの優秀な銀行支店長や、その後はシチズン社の才能ある勤勉な優秀社員として高い評価を受け、いつもバハマ諸島やアリゾナへの旅行を会社からご褒美としてもらっていたこと、それに夫の私がちゃっかり随行していたこと。その当時の私の給料は彼女と比べると、お話にならないぐらい少なかったことなどを話すと、息子たちはびっくりしていた。子どもたちが母親の職歴をまったく知らなかったのは、私がそれを話そうとしてこなかったからだ。そのため、子どもたちの親に対する考え方が、男＝仕事、女＝家庭、となってしまったのだ。

専業主婦や専業主夫の仕事の大切さについて子どもに率直に話し、母の日や父の日だけでなく、普段から感謝の気持ちを表そうではないか。育児は重労働だということ、フルタイムで家にいて育児をする親には金メダルの価値があること、「外の」会社で働く親より、育児がずっと大変な仕事の場合もあるということを、年齢に合った方法で子どもに伝えよう。そうすることによって、フルタイムで育児を担うパパやママの役割の重要さが、より理解できて感謝の気持ちが生まれるだろう。

ヒント 13

世の専業主夫を受け入れ、励まし、子どもにもそうするよう伝える

専業主婦の仕事が高く評価される傾向にあるのはうれしいことだし、そうあるべきだ。概して、女性が仕事を聞かれて「専業主婦よ」と答えると、好意的な反応を得ることが多い。女性が長い間、培ってきた役割で、社会が女性を主要な養育者と見なし、受け入れることに慣れているからだ。

しかし、男性が専業主夫になることを選択した場合の反応は違っている。ピュー・リサーチ・センターの調査によればアメリカには二百万人の専業主夫がいて、その数は一九八九年から二〇一二年の間におよそ倍になっている。[*21] しかし今でも、専業主夫は社会の至る所ですさまじい数の不適切な批判にさらされている。それは、主に「有害な男らしさ」と凝り固まったジェンダー・ステレオタイプによって、ほとんどの人が、男の仕事は家の外で稼ぎ、生計を支え、経済の担い手となって、妻が働かずに家庭で子どもと一緒にいられるようにすることだと信じているからだ。

育児ブロガーの私のネットワークには、数千人とは言わなくても数百人もの専業主夫がいる。私は全米専業主夫ネットワーク（athomedad.org）という団体もフォローし、そこで長年にわたって男性たちと会話を交わしてきた。そして彼らが頻繁に、理不尽な偏見や不信や、男性だけでなく女性からさえも軽蔑されることがあると知った（このことから「有害な男らしさ」が男性だけでなく女性の問題でもあることが証明される）。

子どもの学校の送り迎えや教室でのボランティアに参加するのは、ほとんどの場合、女性だ。男性がそういう場に姿を現すと、「あら、今日パパは仕事がお休みなのね」や「ママを休ませてあげて偉いね」といったコメントを受ける。これもまた、男性＝仕事、女性＝家庭のステレオタイプを助長するものだ。

そんなふうに言われるよりもっとひどいのは、専業主夫が子ども同士を遊ばせる計画を立てようとする時だ（もっとも、遊びの計画に加えてもらえないことも多いが）。専業主夫がママたちがしているように子どもたちを公園に連れて行ったり、育児ネットワークのグループに参加しようとすると、他の親から冷たくあしらわれたり、ひどい時は露骨に仲間外れにされたりするという。なぜなのか？　それは、大の男が幼い子どもたちといるのを見て、自動的に、児童虐待や小児性愛を連想する人があまりにも多いからだ（残念ながら、それは誇張でも過剰反応でもない）。それでも、支え合える育児グループを探そうとする父親も多い。しかし、そこでも唯一の男性として、内在化された不信感を抱かれることになってしまう。「**なぜあの男はなすべき仕事をしていないのか？　いったい何が目的なのか？**」と思われるのだ。

育児グループやデイケアや保育園で知り合った親同士が、幼い子どもたちの交流のために、公園やだれかの家で遊ばせる計画を立てることは、非常によくあることだ。母親たちがそれを、何の問題も心配もなく、頻繁に定期的に毎日のように行うのを私は目にしてきた。しかし、そこに父親を招くのはまったく別の話だ。多くの専業主夫が口をそろえて、父親がそうしたサークルから排除されるのは、計画を立てる母親が男性がいることに違和感をもったり、単に夫に禁止されたりするからだという（夫諸君、まさかきみたちは不安にかられて、妻の交友関係を――だれと会ってはいけないとか、だれとならいいとかと――いちいち指図したりしないよね？　単に他の子の父親と子どもを一緒に遊ばせられないほど、妻を信用できないのなら、きみにはそれをはるかに超える大きな問題があるんじゃないか？）。忘れないでほしい。これはただ、子どもを遊ばせる計画に、父親が赤ちゃんや幼児を連れて参加するだけなんだ。乱交パーティでもなければ、ぼくらは社会が吹き込もうとするような「常に獲物を狙う勃起男」でもない！　ましてや自分の子どもを連れている時は、そんなことあり得ない！　それでも、ぼくらはそういう目で見られている。そうだろ？　そんなふうにして、一見無害なステレオタイプが有害なものに変わっていくんだ。なによりムカつくのは、男を、常に飛びかかるチャンスを狙っている性犯罪者のように定義する有害なマッチョイズムに、子どもたちが苦しめられなくてはならないことだ。

いつも子どもたちを公園に連れて行く父親にとって、公園はマジに地雷だらけだ。母親であふれる公園で、ほぼ常に唯一の父親である私は、白い目で見られっぱなしだ。私の連れている子どもたちが本当に自分の子なのか、よその子の写真を盗み撮りしようとする危ない変質者ではないのか、と母親たちが警戒する。ある時、思い知らされるようなことが起きた。一人の子どもがジャングルジムに高く登り過ぎて、母親を呼んで叫び出した。でも母親は電話中で、子どもの声が聞こえていない。そこで私は父親として当然のことをした。ジャングルジムに登って、その子に助けてほしいかと尋ね、助けてほしいと答えた子の胴体を抱きかかえて、安全なマットまで下ろしてやった。ところが、その子の母親の目に映ったのは、見知らぬ男が自分の子どもを捕まえているところだった。彼女はわめきながらやってきて、警察に通報すると脅した。もし子どもを助けたのが他の母親だったら、「スマホに夢中な母親」は顔色ひとつ変えなかったにちがいない。そして感謝すらしただろう！　その日の出来事は私に消えない傷跡を残した。それは、真に危険が迫っていない限り知らない子どもを助けてはいけないという教訓だった。これもまた硬直したジェンダー・ステレオタイプから抜け出せない社会に生きる我々の窮状を表している。

もちろん、専業主夫について時代遅れの考え方をするのは母親だけではない。家でフルタイムで子どもの世話をする男たちをせせら笑い、あからさまに軽蔑する、ボス猿的バカ男は、後を絶たない。そういう男たちは、給料の額や仕事の肩書にこだわって価値を見出すタイプで、専業主夫に向かって、「いいなあ、俺も休暇がほしいよ」とか「妻に養われるのって屈辱じゃねえ？」と言ったりするタイプで、専業主夫が自分のリソースと時間をかけて人生で最も貴重な家族の世話をすることを積極的に選んでいることなど気にも留めないやつらなのだ。こうした男たちが、専業主夫のことを「ツバメ」「おかま野郎」とふざけて呼んだり、草食系男子だと決めつけたりするのだ。ドナルド・トランプ前大統領のように、「俺はオムツを換えたことなどない」と威張り[*22]、誠実に行うべき作業にまるで無関心のようなふるまいをする。「有害な男らしさ」の泥沼にはまり込んでいる彼らは、次の世代をポジティブに育てることに専念することほど「男らしい」ことはないと気づいていないのだ。

専業主夫の疎外感は「リアルライフ」に限られていない。ネット上でも起こるのだ。

二〇〇七年に、初めて父親になると分かった時、私がフルタイムで家にいて子どもの世話をしようかと妻とちょっと話し合ったことがある。当時、妻の収入は私の倍以上もあったし、マサチューセッツ州の託児所はとても高かったからだ。でも、どうするか決める前に同じ立場の人の話を聞きたいと思った。当時の私の人生に起きていたことすべてを理解してくれるような人たちと話したいと思ったのだ。唯一探し当てたのは、BabyCenter.comという赤ちゃんの親のグループで、どんなことでも相談し合えるインターネット掲示板だった。このグループは赤ちゃん誕生月によって分けられていたので、私のグループは二〇〇八年四月グループだった。全員が女性だった。

私は決してシャイではないので、すぐにグループに飛び込んで、意見を言ったり、質問をしたりし始めた。温かく迎えてくれた女性もいたが（実際、今でも彼女たちとは話をしている）、そうでない人、まるで歓迎モードではない人たちもいた。そして男性である私を、女性専用だけだと思うグループに入れてもいいのか、投票しようではないかという話まで持ち上がった。この領域に男性は入ってはいけないというわけで、私を追い出そうという話にまでなった。育児という共通の体験をシェアする、志を同じくする人たちの集まりなら、どうして私がいてはいけないのか？

男は働き、女は家庭で子どもの世話をするものだという嘘っぱちを「有害な男らしさ」が助長しているとしたら、女性たちもが、社会に沁み込んだ文化の誤った通念を信じていても不思議ではない。私も、男性の育児能力と適性を疑う多くの女性と出会ったことがある。皮肉にも、父親の育児参加を求める母親たちが、彼らが介入しようとすると、とたんに彼らを孤立させたり疎外したりするのだ。私には、とうてい理解できない。

最後にもう一つ公園での出来事を話そう。以前の異常者として警察に通報されそうになった事件よりは、もっと微妙な出来事ではあったが、同じように、あの「有害な男らしさ」のトレードマークが狡猾に姿を現した出来事だった。家の近くの公園に、登って遊ぶプラスチックの遊具があって、ウィルにとってぴったりのチャレンジだった。とっかかりの垂直の部分に手と足を入れる穴が開いている。そこから身体を水平にねじって、反対側の台に上るようになっている。手と足を入れる場所を前もって考えさせるだけでなく、上下どちらから乗り越えるのがよいか戦略を考えさせるような遊具なので、私も気に入っていた。彼は二十回ほどトライして、思いきり失敗し、下のマットに落下したが、またホコリを払って再挑戦を繰り返していた。ある時、ウィルがその遊具で遊んでいる時に、同じ公園にいた「ヘリコプターママ」〔過干渉な母親〕がウィルが落下するたびに、とがめるように顔をしかめるのに気づいた。ウィルが滑ってもまだぶら下がりながら、足場を取り戻そうとしていた時のことだ。「ヘリコプター婦人」が歴然とうんざりした様子で走り寄ってウィルに声をかけた。「ぼうや、私が助けてあげる」

　私はそこにいた。父親の私がそこにいたのだ。彼を見守りながら声を出して応援していた。でも手助けしようとはしなかった。彼一人でできるし、危険はないと分かっていたから。それなのに、その女性は私を軽視し、私の目の前で、私の親としての選択を正すことを厭わなかった。まったく彼女の問題ではないのに。私は激怒していたが、彼女に向かって冷静に、私が父親であること、何も問題はないことを告げた。ところが彼女は引き下がらず、「あなたの息子は明らかに助けを必要としているのに、親であるあなたは助けようとしていない」と言い放った。最終的に私を救ったのは、ウィル自身が「大丈夫だよ。一人でできるから」と言ったことだった。そして、ウィルはその通りにやった！　そして、私は勝ち誇った（そう、私はそういうせこい男なんだ）。

最後に言いたいのは、専業主夫を疎外したり見くびったりしないでほしいということだ。彼らこそ、父親の育児参加の声に熱心に応えているのだ。周囲からの軽蔑や不信感ではなく、支えが必要なのだ。それに、子育てに積極的に関わっている男性の姿を子どもたちがもっと目にするようになれば、次世代の人々はそれを珍しいものではなく、普通のこととして見られるようになるだろう。

第3章

学校の影響で男の子の心が硬直しないようにしよう

親というものは、初めの一年は赤ん坊を生存させることだけで手いっぱいだ。子どもが二歳、三歳になるとイヤイヤ期を乗り越えることをただひたすら願い、もう少し大きくなって年齢にふさわしい学びができるようになると、確かな価値観を教えようとするようになる。子どもの日々の成長に驚嘆し、彼らが親の教えを（ただ真似るのではなく）実際に理解し始めていることにも気づくだろう。初期の教えは、人種、女性蔑視、ホモフォビア（同性愛嫌悪）、トランスフォビア、同意、その他の複雑なテーマについてゆくゆく話し合えるようになるためのフレームワークになるだろう。社会で正しいふるまいができる、思いやりのある市民に育てるためには、親にとって不安なテーマも話し合わなければならないのだ。

残念なのは、子どもの社会生活を親がコントロールできている間に子どもが学んだことや進歩の多くが、学校が始まったとたん煙のごとく消え失せてしまうということだ。あなたの子どもが学校で接するようになるのは、様々な親の考えをそのままオウム返しに言う子どもたちなのだ。つまり、学校が始まると、親愛なるママやパパの考えや影響よりも、友だちの意見がはるかに大きな支配権をもつようになって、親は完璧に力を失うというわけだ。

だからあきらめよう、というわけではない。今まで子どもに教えてきたことを「リピート」モードに設定して、「有害な男らしさ」のステレオタイプに対して子どもと一緒に闘い続けていこう。私には一つ断言できることがある。それは「有害な男らしさ」が確実に、あっという間に襲ってくるということだ。

ヒント14

違いを恐れたりからかったりするのではなく、受け入れることを教える

二〇一八年十月二十二日、何の変哲もない一日の始まりだった。朝起きて、電車で職場に行き、いつもの一日が始まった。でもそれから二十四時間以内に、私（と次男サム）は、「有害な男らしさ」についての激しいメディアとSNSの嵐に巻き込まれることになった。ツイッターには八万回もの「いいね」が、そしてアメリカ内外のメディアでも報道され、そしてついには朝のバラエティ番組『トゥデイ・ショー』にまで出演することになった。

そのおかげでこの本の執筆をすることになったのだが、サムがあんな目に遭わなくて済むのなら、いつでも喜んで後戻りしたいほどだ。

当時の私たちの物語をメディアやツイッターで見聞きしなかった人のために説明しよう。次男サムがマニキュアを塗って幼稚園に行って仲間にからかわれたのだ。彼が派手なマニキュアを塗るのは初めてのことではない。保育園時代にも塗っていた。マサチューセッツ州は大体において進歩的なはずなのに、サムが幼稚園でからかわれたことに私は驚いた。サムの祖母、すなわち私の母は、昔ネイルアーティストだったので、サムが保育園の頃から彼のネイルを塗ってやっていた。でもだれにも何も言われなかった。サムは花火のようににぎやかな子で、エネルギーに満ちている。どんなことにも活発に立ち向かう。だから消防車のような真っ赤なマニキュアに惹かれ

たのも驚きではなかった。それまで、そんなことで大騒ぎする人が周囲にはいなかったので、サムはどこに行っても、マニキュアを塗って外出する男の子を問題視する人がいるなどとは、疑いもしなかったのだ。

その日私の職場に妻から電話がかかってきて、サムが泣いているのが聞こえた。それ自体は特に驚くようなことではない。サムにはかなり重度のＡＤＨＤ（注意欠如・多動症）とＯＤＤ（反抗挑発症）があったので、きっと嫌なことがあって癇癪を起こしているのだろうぐらいに考えていた。しかし妻は、サムがあまりにも激しく泣いて、何が問題なのかを聞き出すことができないと言うのだ。そこでサムに電話を代わり、サムが話せるようになるまで落ち着かせた。

やっと分かったのは、かわいい息子を打ちのめしたのは、あのくだらない「有害な男らしさ」だったということだ。サムは一日中、幼稚園のクラスのほとんどの児童から――男の子からも女の子からも――すぐマニキュアを落とすように、繰り返しきつく言われ続けたのだという。だって、「男の子はネイルなんか塗らないから」「マニキュアは女の子だけのもので、男の子は女の子のものを幼稚園でも（どこでも）身につけるべきではないから」。こうしてサムは、男らしさの理想にそぐわない男子と位置づけられたのだ。それに間違えないでほしいのは、サムをからかったのは男子だけではなかったということだ。彼をいじめたのは、ほとんどが女子だったのだ。その事実は、だれもが「有害な男らしさ」の罠から逃れられないことを物語っている。子どもたちは暴力をふるったわけではないが、それでも彼らは、「男の子には何が許されて何が許されないのか」ということを、容赦なくサムに向かって宣言したのだ。サムが抗議しても、何の効果もなかった。私と妻が同意や寛容について教えたこと、ジェンダー・ステレオタイプなど〝クソくらえ〟だとサムに言い聞かせてきたことを、なんとかクラスメイトに分からせようとしても虚しいだけだった。私と妻は、子ども同士の諍《いさか》いは危険でない限り、自分たちで解決する努力をするように教えてきた。だからサムは先生にも言わなかった（素晴らしい先生で、サムがもし言っていれば、絶対にそんなことを途中でやめさせたにちがいない）。結局サムは、一日中うんざりするほど、ランチの間も、休み時間も、勉強の合間にも、暴言を吐かれ続けた。放課後に迎えに来た母親の腕に倒れ込むまでずっと。

私はひどく忌々《いまいま》しい気持ちだった。

まず、自分の子どもがいじめられるのを見るほど親としてつらいことはない。それから、私はいじめた子どもたちというより、むしろその子たちの親にムカついた。そもそも五歳児が差別心や狭い心を自然にもつはずがないではないか。そんな嘘っぱちは、社会やメディアから、そしてほとんどの場合は、自分の信じていることを子どもに伝えようとする親や養育者から学んでいるんだ。なにより悔しかったのは、サムがいじめから逃れるために、もうマニキュアを落としてほしいと言ったことだ。「でも、まだマニキュアは好き？」と聞くと、サムは「うん」と答えた。「もしだれからもからかわれなければ、マニキュアをし続ける？」という問いにも「うん」とサムは答えた。「人それぞれでいい」と教えられてきた偏見のない子どもだったのに、たった一日幼稚園で打ちのめされて降伏してしまったのだ。

その夜、妻と私はサムと話をした。結果がどうであろうと、自分がハッピーだと思うことをするのが大事なんだ。あの子たちは、ただ他の人からよくないアドバイスをされていたんだろう。でも、もしサムがマニキュアを塗り続けたら、その子たちもサムと同じように前向きなことを学べるかもしれないと。私たちは、サムの好きそうな大人の男性でマニキュアをしている人の名前を並べてみたが、サムが本当に興味を示したのは、大ファンの偉大なアメフト選手、ニューイングランド・ペイトリオッツのロブ・グロンコウスキーもマニキュアをしているかどうかということだけだった。すぐには、グロンク〔グロンコウスキーの愛称〕がしているかどうかは分からなかったけど、「グロンクもマニキュア仲間だよ」と苦し紛れのウソをついてしまった。それから、妻と私は、「せめて今夜はマニキュアを落とさずに寝て、明日幼稚園にしていくかどうかを考えてみようよ」と熱心に説得した。「翌朝まだ気持ちが変わらなければ、もちろんマニキュアを落としてあげるから」と。サムはこの取引に同意した。

サムが寝る少し前に、長男のウィルが最高の提案をしてきた。私はそれに早く気づけなかった自分を恥じた。翌日学校で弟との連帯を周囲に示すために、ウィルは自分の爪にもマニキュアを塗ってほしいと言うのだ。私は涙で目が曇って何も見えなくなった。なんていいアイディアだ！もちろん私も翌日マニキュアを塗って会社へ行った。年中兄弟げんかしているのに、だれよりも早くサムをかばおうとしたのはウィルだったのだ。それがサムにとって、どれほど大きな意味をもったことだろう！　多くの支援と力を得れば、物事はいつだってうまくいくものだ。

サムが寝た後、私はツイッターのスレッドを立てて、そこに激しい怒りをぶちまけた。ことの次第を書きたて、サムの話を「有害な男らしさ」がいかに素早く、そして深く私たちにネガティブな影響を与えるかという好例として語った。寝る前に妻の許可を得て投稿し、公開ボタンを押した。翌朝に何が起きるか、まったく想像すらしていなかった。

最初はスマホが壊れたのかと思った。鳴りやまないバイブ音、立て続けのバナー表示。スマホが故障したのかと思い、眠い目をこすって見た。するとそこには何千もの「いいね」やリツイートやリプライがあった。妻の肩を叩いて起こし、たった一言「やばいぞ！」と言った。これまでにもバズってツイッターの弱点にさらされてしまった経験が私にはある。いわゆるネット荒らしというやつだ。自分のアカウントに何千もの人が忍び込んできて、家族の写真を面白おかしくミーム化されることが、どれほどつらいことか、私にはよく分かっている。その時は、しんらつな批判や、果てしなく繰り返される虐待が私に向けられた。私が自分の子どもを「ビッチ」や「コキュ（寝取られ男）」にしようとしているというのだ。さらに熱狂的なやつらが私の両親の電話番号を探し当てた時の胸クソの悪さは忘れられない。電話で両親を、ろくでもない人間を育てたと激しく非難し、挙句の果てには私の安全すらおびやかしたのだ。それもこれも、すべて「有害な男らしさ」のなせることだ。相手の考えに反論するだけでは十分ではない、相手を脅かさなくては、というわけだ。おびえさせ、男として侮辱し、身体的な暴力でさらに脅す。そんな経験が過去にあったので、私は言うまでもなく、また同じことが起きるのではと即座に恐怖を感じていた。

そして今回も、ある程度同じことが起きたと言える。私のツイッターのスレッドが炎上し、間もなくメディアからも声がかかるようになった。『ピープル』や『ガーディアン』といった雑誌、ウェブニュースサイト『マーシャブル』、朝のテレビ番組『グッドモーニング・アメリカ』、BBC局といった数多くのメディアがサムの話を前向きな記事として紹介したことによって、さらに注目を呼び、想像通り激しい反動が即刻起き始めた。たとえばこんなコメントだ。「やっぱりこの子の父親はビッチなブタだな。子どもがかわいそうだ」「お前のテストステロン値が低いからって、子どもを女々しいビッチにしてもいいのか? トヨタとホンダが違うように、男は男、女は女でいいんだ」

しかし、極めつけは『デイリー・ストーマー』のフロントページに載ったことだった。それが何なのかを知らない幸運な人のために説明すると、これは、悪名高きアメリカン・ネオナチの白人至上主義者や、ホロコーストを否定する者たちが、メッセージボードに投稿するウェブサイトだ。やつらはユダヤ人虐殺を主唱し、自らをオルタナ右翼運動を担う一員と考えているんだ。「どんな宣伝もよい宣伝になる」と言う人もいるかもしれない。でもそんな人は、朝目覚めて自分や愛する子どもたちの写真が正真正銘ネオナチのウェブサイトに載せられて、地上最低のやつらに引き裂かれ、最悪の扱いを受けたことなんかないだろう。ちょっと想像してみてほしい。あなたとあなたの五歳児が、現存するナチスのウェブサイトであれこれ分析されているなんて、どう妻に伝えればいいというのか！

正直言って、もうやめてしまおうと思った。でもネガティブなコメントに目を向けるのをやめたら、素晴らしいことに気がついた。サムをサポートするレスがびっくりするほどたくさんあったのだ！　言葉の支援だけでなかった。同じようにマニキュアを塗るのが大好きでいじめを受けたことのある男の子たちの写真が届き始めた。それから、年齢を問わず世界中の多くの男性からも写真や実話が送られてくるようになった。彼らはいつもマニキュアやペディキュアをしている人たちで、サムにありのままの自分でいるようにと励ましてくれたのだ。

スコットランドに住むチャーリーという男性は、わざわざ自分がネイルを塗っている動画を作って送ってくれた。そして自分がネイルを塗ったのはサムにインスパイアされたからだと感謝し、自分に忠実であり続けてこそ立派な男だと言ってくれた。自分の息子が似た状況でつらい思いをするのを見て悲しくて胸が張り裂けそうになったというメールをくれた人や、フェイスブックメッセンジャーで直接話したいと言ってきた母親や父親たちもいた。私もつらい気持ちになった。そうした子どもたちの中には、支えてくれる人がいて、馬鹿げた批判なんか無視できる子がいる一方で、プレッシャーに耐えられなくなって、ついにはマニキュアを塗るのをやめてしまった子もいる。毎日ひどい苦痛に耐えられず、心の底の本当の姿を隠して、自分らしくあることをやめてしまったんだ。そして彼らの親たちが、見ず知らずの私にネットを通じて、問題解決の助けを求めてきた。でも私には答えがなかった。それでも、サポートと、手を差し伸べることが解決のための大きな要素であることを学んだ（これについてはまた後で詳しく述べる）。

そのうち、マニキュア会社ＯＰＩから山ほど商品を送ってきたり、ネイルアーティストのジン・スーンが自社のマニキュアカラーの一つにサムの名前をつけたりということが起きた。しかも世界中の支社の社員たちがマニキュアを塗って、社のツイッターに写真を上げてサムをサポートしてくれた。元アメフト選手のマーテルス・ベネットや、有名な声優のタラ・ストロングも、個人的に手を差し伸べてきてくれた。それから信じられないようなことが起きたんだ！　あのロブ・グロンコウスキーが「ありのままの自分でい続けろよ」とサムを励ます動画をわざわざ作って、ペイトリオッツ・チームの公式ツイッターアカウントに投稿してくれたんだ。これは、生涯を通じてクレイジーなペイトリオッツのファンを自称してきた私にとって、言葉が見つからないほどすごい出来事だった。

その朝の圧倒的なサポートの数々を私は決して忘れることがないだろう。それは、次の日にも勇気を出してマニキュアをしたまま幼稚園に行ったサムへの直接的なサポートだった。その朝早く、まだ暗いうちに仕事に行く用意をしながら、私はサムと一緒に膨大な数のメッセージや、「有害な男らしさなんか、クソくらえ！」と言う勇気ある少年や男性の写真をスクロールしていた。それを見ているうちにサムの笑顔も自信も飛躍的に大きくなった。これは、ツイッターやＳＮＳが本来の目的を果たしていると確信した輝かしい一瞬だった。世界中の人が私たちとの共通点を見出し、世界各地から手を差し伸べ、いじめに直面している一人の少年を支えてくれたのだ。

私は大人になってから何度もＳＮＳで痛い目に遭ってきたし、ＳＮＳやある特定のプラットフォームの規制などに、大きな欠点やポリシーの問題がないなどとは一瞬たりとも思わないが、今回は利点が勝っていた。人というものはみな大体良心的で、世界に優しさを広めようとしていることが示されたのだ。

そこで、次のヒントへ進もう。

ヒント 15
正しいことをするために立ち上がることを教える

マニキュア事件の時、クラスの一人の子どもがサムのために立ち上がってくれた。たった一人だったけど。サムに友だちがいないわけではない。サムはけっこう好かれているし勉強もよくできて、クラスメイトともうまくやれている。でもその日、サムはつらい経験を通して学んだ。それは、急にグループと違う言動をして周囲の軽蔑の的となった時、それまでの友情など意味がなくなってしまうということだ。絶対的なジェンダー・ステレオタイプに逆らって、一般に受け入れられているバランスを崩すと、今までの友情もあっという間に消散してしまう。テレプロンプター〔原稿や台詞をモニターに表示する電子機器〕が壊れてドナルド・トランプ前大統領が勝手にしゃべり出したような時よりもずっと早く。だれかがいじめを受けている間、それまでの友人はじっと傍観して自分がいじめの的にならなかったことを感謝しているか、最悪な場合は、いじめっ子と一緒になっていじめに参加するかなんだ。

ネイル茶番の苦境の中で一筋の希望の光となったのは、サムのために立ち上がってくれた勇気ある少年に個人的にお礼を言えたことだ。さらに、彼の両親にも感謝した。自分の頭で考えて、必要な時には人のために立ち上がれるような息子を育ててくれたことにお礼を言ったのだ。確実に言えるのは、いじめを止める数ある方法の中でも、これこそがずば抜けて効果的な方法だ。しかし、自分自身を危険な目に遭わせることになったり、自分も軽蔑やあざけりの対象となったりする可能性もあるため、最も困難な方法でもある。それなのに、この少年は、まさにそれをやってのけた。その子のサポートがサムにかすかな希望と、嵐の中の小さいけれど、とてつもなく重要な休息とオアシスを与えてくれた。

私が育てたいのはそんな子どもなのだ。私だけでなく、**だれもが**そんな子を育てる努力をするべきだ。その子の家族が、ハロウィンにトリック・オア・トリートをしに家に来た時、涙があふれてその場で彼らをハグするのが精いっぱいだった。私は、その少年の誠実さと倫理基準が、世界にポジティブな変化を起こすだろうと、彼の両親に感謝の言葉を述べた。

ひとたび親切と勇気の小さな種が植えられれば、それは雪だるま式に大きく育つ。その少年が幼稚園でサムのために立ち上がったこと、私がスレッドを立てたこと、翌日に長男が自分もマニキュアをしていくという英雄的行為を選んだこと……それによって、その週の終わりに何が起こったと思う？　ある素晴らしい人が――それがだれだったのかは今でも分からないが――公立学校の生徒全員にその週の金曜日にマニキュアをしようと提案をしたんだ。サムを称えるだけでなく、伝統的なジェンダー・ステレオタイプに合わないコミュニティの人たちすべてをサポートしようというアイディアだった。さらに、サムの先生たちが、この出来事を教育のための機会に変えたことが転換点となって、サムはもう、のけものではなく、セレブとなった。突如、人と違うことがクールなことになり、子どもたちが壁となってサムを取り囲んで守るようになった。人と違うのがポジティブに受け止められると、子どもたちはこぞって、サムやサムのような子たちのための「歩く安心毛布（セキュリティブランケット）」になろうとした。テレビニュースのクルーが幼稚園に取材に来た時も、派手なマニキュアを塗った男の子たちが勢揃いし、「男の子がマニキュアをしても何の問題もないよ」と口々に語っただけでなく、「家でこっそり『女の子みたいなこと』をするのが好きだったけど、今回の出来事のおかげでもっと堂々とできるようになった」とさえ語ったのだ。

男の子たちにほんの少し自由を与えて、「私たちが支えている」と伝えれば、彼らがいかに素早く熱心に、狭苦しい「男らしさ」の外に出て探検しようとするかを知って大人は驚くだろう。そうするためには人数の力が必要だ。子どもたちが団結して正しいことのために立ち上がる必要があるのだ。それは信じられないほど困難で、口で言うほどやさしくはないが、必ず問題解決の特効薬となるだろう。それが始められるのは、正しいことのために立ち上がり、いじめを止める矢面に立てるような子どもを育てる、私たち親なのだ。
私たち父親や母親は、息子たちに「我が道を行け、そして他者のために立ち上がれ」と教えようじゃないか。サムのマニキュア事件が教えてくれたのは、子どもたちに励ましを与え、包摂性を求めて闘うリーダーとなる道を示せば、子どもたちは正しいことができるようになるということだ。でもそのために親は、ロードマップを示し、お手本とならなくてはならない。そうすれば、子どもたちは道を見つけやすくなって、親の手本を真似ようとするだろう。それは困難だろうか？ もちろんだ。でも、どんなことがあっても正しいことのために立ち上がるということを少しでも早く、より多くの子どもが学び始めれば、社会により早く転機が訪れるだろう。より多くの子どもが正しいこととそうでないことの見分けがつくようになって、つらい思いをする子どもたちが少なくなるだろう。

ヒント 16

「ゲイ」は侮辱ではないことを教える

サムのマニキュア事件が起きている間、ＳＮＳで最も多く使われた誹謗中傷……それは「ゲイ」だった。「おかま」「ホモ」「レズ」「トランスヴェスタイト〔異性装者〕見習い」「父親に本当の男らしさを教わらなかった同性愛者」……だから「お前はネイルなんかに惹きつけられたんだ」

……この社会で男性として育った人ならＳＮＳのこんな反応を見ても驚きもしないだろう。

今のうちに白状しよう。私も過去には同じ罪を犯していた。人格形成期の一九八〇年代終わりから九〇年代初めにかけて、社会はホモフォビアに満ちていた。当時の私は、それがホモフォビアだとすら気づかなかった。気に入らないことは、何でも単に「**ゲイ**」と形容した。だれかが馬鹿げたことを言っても「ゲイみたい」。「馬鹿なことをするな」の代わりに「ゲイになるな」と言ったものだ。そんな私にはレズビアンの叔母たちがいたし、毎夏プロヴィンスタウンに避暑に行き、そこで思う存分自由に歩き回る革ジャンのゲイの男たちを見ても、別に何とも思わなかった。周囲のゲイの人たちとも仲がよかったし、どんな時でも彼らをサポートした。それなのに、あんな言い方をしていたのは、このクソみたいなナンセンスがいかに深く埋め込まれていたかを物語っている。ある時ついにそれを指摘された私は、当然大きなショックを受けた。正直言って、私をホモフォビアだと呼んだ相手に腹が立った。そして弁解しようとした。「**ゲイ**と言っても、**同性愛のゲイ**という意味じゃないんだ。ただ、馬鹿げてるとか、悪いという意味で**ゲイ**と言ってるだけなんだ」。でも、自分の口から出るこんな言葉を実際に聞いて、初めてそれが問題であることに気づかされた。そして、自分が闘っていると思っていた問題そのものの一端を自分も担っていたと気づいたことによって、私はひどい衝撃を受け、自分のとんでもないクソ野郎ぶりに、うんざりした。**ゲイ**という言葉を軽蔑として使うのはどんな時でも誤りで、ホモフォビアでしかない。大惨事だって起こしかねない。特にまだカミングアウトしてない若者の耳に入れば問題だ。

同年代の多くの子どもたちが自分の居場所を探しているのと同じように、彼らもまた、たとえそれがみんなとは違うコミュニティだと分かっていても、苦心しながら居場所を探そうとしているのだから。

恥ずかしいことに、私の過ちは二十代になっても続いていた。妻が、まだ赤ん坊だった長男ウィルにピンクの靴下を履かせたことに、私は本能的に否定的な反応をした。女の子に間違えられると困るから、を言い訳にしようとしたが、実は、周囲にウィルをゲイだと思われないかと心配だったのだ。それが本当の厳しい事実だった。自分の言葉や考え方が他者にどれほどの害を与えていたかに気づくまで、恥ずかしいほど長い時間がかかった。私は無意識のうちに、ゲイの男性を、「普通の男性」という大きなグループとは異なる、別のカテゴリーに仕分けしていたのだ。受容的で偏見もないと勘違いしていた私の狭くてちっぽけな宇宙の中で、私は、ゲイ男性は「真の男」ではないと思い込んでいたのだ。

それまでに、どれだけの人や考えや物事を「**ゲイ**」と呼んでいたかを振り返ると、身がすくむ思いだ。それがホモフォビアだというだけでなく、私の声の届く範囲に一〇〇パーセントの確率でゲイやトランスの人がいたはずだったからだ。年がら年中、自分を「その他」だと感じるのはどんな気持ちなのか、彼らの立場になって考えてみようとした。私が子どもの頃は、まだ同性婚が法的に認められていなかったから、彼らは法律的に二流市民として扱われていると分かっていた。それにほとんどの宗教が同性愛を罪と見なしていたため、彼らの抱える困惑や悲嘆について神に救いを求めることさえできなかった。さらには、一九九八年にゲイだという理由で残忍な殺され方をしたワイオミング大学の学生マシュー・シェパードのニュースなどによって、彼らは自分の身の安全もおびやかされていると感じていただろう。自分たちを愛して受け入れているはずの友人が、繰り返し「**ゲイ**」という言葉を軽蔑すべきこと、また悪いこと、避けるべきこととして使っているのは、いったいどういうことなんだ？　セクシュアリティのことで悩んでいたかもしれない友人のための情報源になることも、相談に乗ることもできなかったどころか、私は問題そのものに加担していた。そのことを、私は永久に恥じ続けるだろう。

トレバー・プロジェクト〔ＬＧＢＴＱの若者の自殺防止に取り組むアメリカの団体〕の調査によれば、十歳から二十四歳の若者の二番目の死因が「自殺」で、自殺を考えたことのあるレズビアン、ゲイ、バイセクシュアルの若者は異性愛者の若者の三倍近く、実際に自殺を試みた数は五倍にも上る。[*23]　ＬＧＢＴＱ＋についての宗教上や個人的な信条はどうであっても、すべての親に、自分がどんな言葉を使っているかを知ってほしい。なぜならＬＧＢＴＱ＋コミュニティの一員だと自認する子どもも、あなたの話やあなたが使っている言葉を聞いているからだ。忘れないでほしい。危険にさらされている子どもたちがいることを。この社会であまりにも多くの人から遠ざけられている子どもたちがいることを。安心できる場所や、何らかの形で自分を受け入れてくれる人を求めている子どもたちがいることを。あまりにも多くの人から、たとえ意図的でなくても、恥辱や排斥を受けてきた子どもたちなのだ。そんな命をおびやかさないために、せめて親にできるのは、問題のある言葉ではなく、包摂的な言葉を使うことではないか。
よい例を挙げよう。出生時に「男性」の性別を割り当てられたオハイオ州出身のジョシュア・アルコーンと名付けられたトランスジェンダーの子どもは、後にリーラと女性名に変えて二〇一四年にクラスの子どもたちにカミングアウトしたが、何も問題はなかった。ところが彼女の両親は受け入れなかった。受け入れないどころか、親は彼女を孤立させ、「治そう」とした。「神は自分を女の子だと思うような男の子は好きではない」と信じるキリスト教のセラピストのところへ彼女を連れて行った。その「セラピー」に効果がないと知ると、両親はひどく非情なことをした。リーラからスマートフォンを取り上げ、ネット使用を禁じることによって、彼女を肯定してくれる唯一のライフラインである友人たちとのコンタクトを奪ってしまった。二〇一四年十二月にリーラはトラクター・トレーラーに飛び込んで命を絶った。なぜそうしたのか、リーラはその理由を事前にTumblrというブログに綴っていた。

十四歳の時にトランスジェンダーの意味を知って、うれしくて泣いた。十年間、ずっと混乱していたけど、やっと自分がだれなのかが分かったんだ。私はすぐにママに言ったけど、ママはものすごく否定的になって、ただ一時的なだけだとか、本当に女の子になれるはずないとか、神様は決して間違いをしないから、私のほうが間違っていると言ったんだ。このブログを読んでいる親がいたら、聞いてほしい。絶対にそんなことを子どもに言わないで。あなたがクリスチャンであっても、反トランスジェンダーでも、そんなことをだれかに、特に自分の子どもに言ってはいけない。そんなことを言ってもなんにもならない。子どもが自分自身を憎むようになるだけだ。それがまさに私に起きたことだった。ママは私をセラピストに連れて行ったけど、それはみんな（すごく偏見に満ちた）クリスチャンのセラピストばかりだった。私が必要としていた、うつを治してくれるセラピストに連れて行ってくれることはなかった。さらに大勢のキリスト教信者に、私がいかに利己的で、間違っているか、だから神様に救いを求めるべきだと、そんなことばかり言われた。[*24]

親の第一の仕事は無条件に子どもを愛することだ。あなたの宗教や人生哲学が何であっても関係ない。親は何があっても子どもを愛するべきなんだ。親は、子どもにとって永遠不滅の安全な場所であるべきだ。苦悩を乗り越えるために必要なサポートと慰めがいつでもそこにあると確信できる、安心な場所であるべきだ。小さな子どもが女の子になりたいと言ったからといってその子を見捨ててしまうのは、最低最悪の裏切りだ。リーラの場合のように、それは死の宣告でしかない。自分の子どもがこの世から去った理由に自分が関わっていたと知ることは、どれほどの生き地獄だろうか。ホモフォビアやトランスフォビアによって子どもの自死を引き起こし、生涯後悔するようなことになってはいけない。

子どもが経験していることをすべて理解したり同意したりできなくても、子どもを愛し続けることはできる。多くの人にとって、困難な状況を瞬時に受け入れるのは難しいだろう。それでも子どもへの愛情と信頼という土台さえあれば、しっかり話し合うことができるはずだ。宗教上の理由で非難や批判をしたり、自分が本来守るべき子どもの命を拒絶したりするのではなく。

リーラはこう続けている。

私が唯一安らかに眠れるのは、いつの日かトランスジェンダーの人たちが私のような扱いを受けずに、正当な感情と人権をもつ人間として見なされる時だ。ジェンダーについて学校で教えるべきだ。早ければ早いほどいい。私の死の意味を何か残したい。私の死を、今年自殺をしたトランスジェンダーの人たちの一人として数えてほしい。そしてその数を見て「とんでもないことだ!」と気づいた人がいたら、状況を改善してほしい。社会を直してほしい。お願いだから。

実際に口にする言葉に気をつけるだけでは十分ではない。インターネットやソーシャルメディアがこの問題をさらに大きくしているのが現実なのだ。だから私は、長男がプレイするビデオゲームの「フォートナイト」や、テキストメッセージや、インスタグラムをしっかりモニターしている。ホモフォビアの言葉や有毒な言葉があふれているからだ(「バーク(Bark)」というアプリがとても役に立つ。子どものデバイスに問題のある言葉が出てくると察知して、中傷や自傷やいじめなどについて親に知らせてくれるアプリだ）。外では申し分のないほど行儀のよい少年で、親も子どものネットやSNSの使い方に注意を向けている場合でも、人の目や耳の届かないところで「有害な男らしさ」の沼にはまり込んでしまうことがあるのだ。私の息子も、こうしたことについて、親しい友だちと気まずく困難な話し合いをしなくてはならなかったし、私自身も、その子たちの両親とそういう会話をせざるを得なかった。そんな中でよく聞かれる「男の子は所詮、男の子だから」「自分も子どもの時は同じことを言ったよ」という言い訳を正当化してはいけない。なぜなら、私たちは子どものために、最低限ではなく、常に改善を求めるべきだから。たとえば、私たちが子どもの頃は、車のチャイルドシートに座らせられなくてもサバイブできたかもしれない。だからと言って、今、子どもの安全のための新しいリサーチやテクノロジーを利用しないでもいいというわけではない。一九五〇年代から六〇年代には、多くの男性が女性秘書のお尻をポンポンと叩いても何の問題もないと思っていただろう。しかし今は、そういった行為が、現在は許されないセクハラで、ひどく虐待的な行為だということを私たちは知っている。言語にも同じことが言える。「ゲイっぽい」という言い方や、他の男性を褒めた後に続けて「でも俺、ホモじゃねえよ」と付け加えたりするのが有害なのは、もう分かっている。そういうのは単に避けるべきなんだ。

長男の卒業式に生徒全員が正装したことがある。息子の友人の一人がショッキングピンクのシャツを着て、実に素晴らしく似合っていた。私は即座に彼のニュールックを褒めた。非常に鮮やかな色を着た彼に感銘を受けたし、彼をサポートしたかったんだ。しかし私がまだ褒め終わらないうちに、彼はさえぎってこう言った。「これはピンクじゃないよ！」私はピンクだと色を名指したわけではないのに、色の観念というものが彼の頭の中にあったのだ。私はため息をついて「ピンクは女の子だけの色じゃないし、〝ゲイ〟というのでもないよ」と言ったが、彼の耳には届かなかった。どこでそんな馬鹿げた考えを吹き込まれたのかは、想像がつく。そして、同じことを彼はこれからも何度も、何度も、耳にするだろう。私は少しがっかりした。彼はいい子だったし、ただ単にクソみたいなジェンダー観のサイクルにとらわれているだけだ。彼に子どもができたら、きっとおそらく同じことを伝えていくのだろう。

こうしたことの多くは故意でも、悪意からでもないだろう。自分の放つ言葉がネガティブな影響をもつことに単に気づかないだけなのだろう。だからこそ、ここに挙げた例の中に自分を見る人は、自分の行動を潔く認めて変わってほしい。いい人でも過ちを犯す。でもそこから学ぶことができる。私たちの過去は消せないが、親には子どもを通して、そして適切な言葉を使うことによって、未来を改善する責任がある。それこそが最優先であるべきだよ。生死に関わる問題だと言っても誇張ではないのだから。

ヒント 17

「女の子っぽい」は侮辱でないことを教える

気に入らないものを「ゲイっぽい」と言ったり、「ゲイっぽい」と呼ばれたりするのが男子にとっての最大の屈辱なら、「女の子っぽい」と軽蔑的に言われるのも、勝るとも劣らぬ屈辱と言える。

先にも述べたように、私もこの問題の共犯者だ。ウィルの初めてのクリスマスに妻がおもちゃのキッチンセットをプレゼントした。そのことを彼女が私に隠していた理由がすぐに分かった。私はポーカーフェイスを保つことができない。私の男らしい、やんちゃな息子が、(私の頭の中では)明らかに女の子用のおもちゃで、キッチンごっこをするなんて! それがどれほど嫌なのかが、私の表情にしっかり現れていた。でも、そんな気持ちになったことが、正しくないということも**分かって**いたんだ。それでもどうしようもなかったし、感情を隠すこともできなかった。このことが、「有害な男らしさ」がどれほど深く私たちに埋め込まれているかを示している。子どもたちも自分もジェンダー・ロールに惑わされることのないよう、偏見のない父親になろうと最大限の努力をしてきたのに、このざまだ。私はろくでもない考えに拘束されていて、自分自身の偏見を見せつけられた。もちろん、キッチンセットはそのままとっておいたし、たくさんの想像のごちそうを子どもと一緒に作った。でもまず、自分の初めのリアクションを潔く認めて、積極的にそれを乗り越える作業をしなくてはならなかったのだ。

「女っぽい」と言われることは、多くの男性にとって、絶対に避けたい重大な過ちなのだ。すぐ泣くと？「女の子じゃないだろ！」ボールを力強く遠くまで投げられないと？「サリーちゃん、しっかり投げろよ！」何かが怖くて叫んだら？「女々しいぞ。男だろ？」――アメリカの少年ならだれもが、一生のうち、いつかどこかでこんなことを言われたことがあるだろう。するとそれが内在化されていくのだ。正直言って、まるでナンセンスなことばかりだ。「ピンク＝女っぽい＝弱い」なんてだれが決めたんだ？「ダンス＝女っぽい、ゲイ＝悪」なんて、だれが判断するんだ？そんなことは、まるで意味のない、人間が作り上げた文化的な構築物でしかない。それなのに男たちは、この不文律に長年規制され続け、ついには、自分の真実を生きられなくなって、感情を固くもつれさせてしまったのだ。優秀なバスケットボール選手の中に、脚の筋肉を鍛えてもっと高く飛べるように、ダンスのレッスンを受けた男たちがいる。彼らはコートでの練習よりダンスのほうがずっと激しい練習だったと言っている。それでも彼らはダンスのレッスンをこっそり受けたと言う。なぜなら男がダンスをするのは「ゲイっぽい」し、したがって悪いことだと信じ込まされていたから。なんと馬鹿げたことだろう。くだらなくて言葉にもならないよ。

女の子に関することや少しでも女っぽいことはすべて悪い、というメッセージを常時男の子に送っていると、それは強力なメッセージになってしまう。それは決して肯定的なメッセージではない。一つひとつのコメントは微小であっても、あっという間に積み重なって大きくなる。大昔から私たちは少年たちに、女っぽいことは悪いのだと言い続けてきた。弱くて劣っているのだと。男の子に努力と向上の動機を与えようとしているのかもしれないが、その目的のために女性をこき下ろし、ジェンダー不平等を永続化させることが、なぜ必要なのか、私にはとても理解できない。ほとんどの文化や文明において男性は支配的な性であったし、どの文化や文明にも人類の歴史を通して、女性を不平等に扱った恥ずべき歴史がある。したがって、多くの男たちがこうした言い方を普通だと思ってしまうのは驚くべきことではない。恐ろしいことに、それ以外に主張する方法をもたない男たちがあまりにも多いのだ。

さらに言えば、こうした「教え」はまるで理にかなっていない。男の子が自分の感情を外に向かって表せば、「女の子みたいだからやめなさい」と言われる。でも、自由にオープンに感情を表して何が悪いのか！　女性はコミュニケーション能力が高い傾向にあるが、それは社会的に感情を表現する自由が認められているからなのだ。それはよいことだし、我々の少年たちにも同じように奨励し探求させるべきだ。でも、「それは女っぽすぎるからダメだ」と言われてしまう。「男たるもの、自分の気持ちを抑えて閉じ込めるべき」なのか？　ところで、男性がセラピーやカウンセリングを受ける率が低いのはなぜなのか？　ＤＶをする男性や、鬱積した感情を暴力で伝えようとする男性が多いのはなぜなのか。男の子に感情の探求を許さなければ、彼らを感情の監獄に閉じ込めることになる。それは将来、彼らが安全にうまく自分の感情に向き合うための、感情的知性と手段を奪うことになるのだ。

女の子から連想される多くの「弱さ」は、実は事実ではない。身体的強さは男性のものとされることが多いが、カナダのマギル大学の二〇一九年の調査によれば、女性のほうが男性よりも痛みに強いという。[*25] 分娩室で三人の子どもの出産を目にした私は、女性の強靭さを金輪際、疑うことがないだろう。男の子に「男らしくしろ！」と言うのは、何を意味しているのか私にはさっぱり分からない。強さというものが、なぜか男性のものだという、バカバカしいウソのメッセージを、少年少女に与えるだけではないか。それに強さには様々なタイプがある。あなたは、泣いたり、同情したり、自分の弱みを見せたりすることで、自分自身を表現する方法を知っているだろうか？　それは、決して！　断固として！　弱さなどではない！　感情を感じる力、それに正しく対処する力のある完全な人間であることこそが、非常に重要な強さなのだ。ジェンダーとはまったく関係がない。

私たちの言語や、男性や女性についての話し方を見てみれば、社会的な問題がこれほど多いのも不思議ではない。何百年もの間、我々は女性を中傷する言葉を使い続け、女性を「弱い」という型にはめてきた。男性と同じ仕事をする女性の賃金が低いのも、女性が統計的にDVの被害者になることが多いのも、企業の取締役や政治家に女性が少ないのも、驚くことではない。私たちは息子たちを「がんばれ、向上心をもて」と励ます代わりに、「**女の子より優秀になれ**」「女性の『限界』を超えろ」と言ってきたのだ。それこそが、女性蔑視や不平等の基礎となり、同時に女性に向かって、単に性別のせいだけで男性より劣っていると告げていることになるのだ。

これらはすべて大きな社会の話だが、同じことが小さなレベルでも起きていて、私たちの現実世界にもはっきり表れている。長男ウィルが六歳の時、ディズニー映画『アナと雪の女王』に夢中になった。世界中の多くの人たちのように、彼はこの物語が大好きで、特にサウンドトラックがお気に入りだった。私たちはたぶん千回も繰り返してこの映画を見ただろう。ウィルはすべての曲を歌いながら、熱狂的に踊った。彼の深い喜びはまったく正当なものだった。しかしある日、すべてが終わった。ウィルがバスを待ちながら、一人の少女と『アナと雪の女王』について話している時だった。その子の父親が話に割り込んできて、娘にこう言った。「ウィルは『アナと雪の女王』なんか見ないよ。女の子の映画だからね。ウィルは男の子だし」。私は、即座にその父親の言ったことを訂正したが、もう手遅れだった。映画も音楽もあれほど好きだったのに、ウィルはもう二度と『アナと雪の女王』を見ようとしなかった。さらに悪いことに、ウィルはその考えを友人たちにも繰り返すようになった。かくして、勇気に満ちた姉妹の歌を歌っていいのは、女の子だけになってしまった。この映画の歌やストーリーは普遍的なものだし、すべての子どもへのポジティブなメッセージなのに！　たった一度だれかに言われたことによって、ウィルは、社会が彼の場所だと考える「男の箱」へと逆戻りさせられたのだ。

二〇一六年、アメリカ大統領選が熱を帯びてきた頃〔ドナルド・トランプ前大統領が当選した選挙〕、次男サムにも同じようなことが起きた。私は無神論者だが母はプロテスタント教会の熱心な信者なので、ある時、母をサポートする気持ちから子どもたちを教会のイベントに連れて行った。寄付金集めのラッフル

〔参加者に番号のついたチケットを買わせ、欲しい景品の前の箱などに好きなだけチケットを入れ、抽選で当たった人に景品を渡す〕で、大量のラッフルチケットを買って子どもたちに渡し、一番欲しい景品に入札するよう言った。サムが狙ったのはきれいなハンドバッグだった。サムはハンドバッグが大好きで普段からおもちゃを入れて持ち歩いていた。母親を真似ようとしていたのだろう。色彩が派手なほど好きだった。だからその日、サムが紫色のバッグの列に並んで、自分のチケットをすべて入札箱に投入して景品をゲットしようとしていても、私にとっては、別に驚くことではなかった。

　その時、五十代後半か六十代前半とおぼしき男性が急いでサムのところにやってきて、厳格な調子で警告を発した。「きみ、そこはダメだよ。そこは女の子のハンドバッグの列だから……」。私は彼がまだ言い終わらないうちに割って入り、私の息子をそんなふうに叱ってほしくないとはっきり告げた。サムは自分のしていることがちゃんと分かっているし、ハンドバッグは女性だけのものではないと。彼は心底驚いた様子で、「分かりきったことを指摘しただけじゃないか」と言うのだ。そこで私は、「分かりきっているのは、あなたが時代遅れだということだ」と答えた。ラッキーなことに、まだ三歳だったサムはこの対決を覚えていない。今でもハンドバッグ愛は変わらない。この出来事もまたよい例だ。自分たちの男らしさの規範が公然と「攻撃」されていると思うと彼らは非常に脅威を感じ、「男はこうあるべき」「こうあるべきではない」という不健全な考えを何のためらいもなく、他人の息子にさえ押し付けようとするのだ。

　私たちが何を言うか、どう言うかは、信じられないほど重要だ。その男性のたった一度の性差別的な発言が、明確で顕著なメッセージを子どもたちに送っているのだ。それは、「女っぽい」とか「女の子だけのものだ」と彼らが思うことに男の子が関わるのは、避けるべき悪いことだというメッセージだ。そんなのはあり得ない嘘っぱちだと、少年たちは知るべきだ！（それに、『アナと雪の女王』やハンドバッグが「女性」の領域だと、いったいだれが断定したのだ？　何が「女らしくて」、何が「男らしい」かは、人間が作った偽りの社会規則でしかない）。それを**少年少女たちが**学ぶためには、我々親の努力が必要だ。あまりにも長く害を及ぼしてきた分裂と不平等のメッセージをこれ以上永続化させてはいけない！

ヒント 18

あなたのボキャブラリーから「男の子だから仕方ない」「男らしくしろ」という言葉をなくす

ある少年が少女を叩いたり繰り返しからかったりして泣かせた。ある十代の女子生徒がクラスの男子に繰り返し性的なことを言われて不愉快な気持ちになった。国で最も高い公選職にあった大人の男〔トランプ前大統領〕が、金持ちなら女性にどんなことをしてもいい、「あそこをわしづかみにすればいい」と言った。この三件に共通していることは何か？　それは、人々が、そういうことを通常「男の子だから仕方ない」とろくでもない理屈で弁護したり、「害のないロッカールームの戯言《ざれごと》だ」と主張したりしてきたことだ。そしてもし男性のあなたが腹を立てて公然と異を唱えれば、「いくじなしだ」とか、「男らしくしろ！」とか言われるのがオチだろう。

実は、私もそんな言い方をしたことがある。しかし、即座に修正すべき男たちの問題行動の数々が、「男らしさ」というおぞましい観念で許されてしまうのは間違っている。そうした行動をいとも簡単に許すことによって、常態化させてはならない。私が述べようとしていることを聞いて、あきれかえる人もいるかもしれないが、知ってほしいんだ。幼い男の子がしでかした何でもないような問題を放置しておけば、それは、子どもが大きくなって大きな問題に発展していくということを。私には女の子を育てた経験はないが、子どもたちが公園やお互いの家で一緒に遊ぶところを何度も見てきた。そんな中で、次のような、似通った出来事が何千回も起きるのを目撃してきた。

三歳から六歳ぐらいの子どもたちが公園で遊んでいるところを思い浮かべてほしい。そこには、ジャングルジム、プラスチックの車、たくさんのレゴブロック、デュプロ〔幼児向けレゴブロック〕、積み木などがある。一人の少女が、滑り台やよじ登る遊具めがけて荒々しく突進してくる少年たちに道を譲り、静かな場所でこつこつと丁寧に積み木やブロックで遊んでいるのが見える。彼女は細部にまで注意を払い、見事な集中力によってタワーやお城を作り上げていく。その慎重な作業と集中力に感心する間もなく、制御不能の少年がやってきて、うれしそうに建造物をなぎ倒してしまう。こんなことが起きると、少女は、初めはショックを受けても、そのうち、何も言わずにまた作り始める。しかしそれも、あの「暴れん坊大将」が再び壊しに来るまでの命だ。それは何度も繰り返される。そんな時、女の子の両親がやってきて娘に提案をすることがよくある。「タワーを壊されると腹が立つと男の子に言ってごらん」とか、「お願いだからやめてと頼んでみたら?」というように。少女たちは自分の居場所を見つけたにもかかわらず、やめてと攻撃者にはっきり告げたにもかかわらず、何度も侵略され、建造物を破壊される。彼を避けて他の所に移動しても、またしても邪魔される。そして少女たちが目にするのは、信頼できるはずの大人が、明らかに間違った行動をしている男の子たちを何度も見逃すところだ。ただ単に男の子だから、という理由だけで。私は腹が立つ。両サイドの親が話し合いをしたとしても、男の子の親は子どもの行動を無視するか、もっと悪いことには、許してしまうのだ。こんなふうに。

「あはは、**男の子は**本当にしょうがないね!」

「男の子だから仕方ないね」

「男の子って生まれつき、女の子より破壊的なんだよね」

「おやおや、うちの子はあなたの娘さんに気があるみたい!」

クソ! なんてことだ! 状況を騒ぎ立てずに解決し寛容になることが、女の子に課せられ続けるふるまいなのだ。一方、男の子の問題行動を抑制したり防いだりすることを重視する人など、ほとんどいやしない。男の子の親は苦心してさらに馬鹿げた言い訳を考える。本来なら介入し、他者との境界を無視してはいけないと教え、言うことを聞かないようなら息子を立ち退かせて、彼の行動のもたらす結果をしっかり教えるべきなのに。信じてほしい。私だって、それがどれほどつらいことか知っている。次男サムは強度のADHDとODDがあるため、まったくの無秩序状態に陥ることがある。他の子の気持ちをリスペクトするのを拒んだサムを、公園から連れ出さなくてはならなかったことも数えきれないほどある。たしかに最悪だし困難だけど、必要なことだ。だって、まだ幼いからと言って、そんな行動を許してしまえば、そして親が無頓着であり続ければ、成長するにつれて、より大きな問題となって悪化していくと私には分かっているから。五歳の男の子が、公園のいじめっ子から自動的にセクハラ男になると言っているわけではないが、少年のそうしたマインドセットを修正しないでいると、将来ハラスメントを行う**可能性**へと繋がっていくかもしれないのだ。

「男の子だから仕方がない」というフレーズを使うことは、すなわち、親は男の子の問題行動に気づいているのに、それを許しているということになる。その理由は、男は生まれつき破壊的で衝動を抑えられないと社会が見なしているからというわけだ。実際には、このフレーズはまるで意味をなさないし、少年たちにとって害になるだけだ。少年たちはみな同じではないし、本質的に他者との境界や同意を尊重できない鈍感な「けだもの」として、生体コードに書き込まれて生まれてくるわけではない。しかし、親がそうしたステレオタイプを強調すれば、男の子たちはそういった行動を**し続けてもいい**と思うだろう。さらには、「男の子らしくしろ」というメッセージは、そのように**行動し始めろ**という意味にもなるのだ。だからやめてほしい。男の子たちには、よりよい人になる素質があるのだから。

お願いだから、「娘を男の子がいじめるのは娘のことが好きだから」、だから「娘の親は喜ぶべきだ」などとほのめかすのは絶対にやめてほしい。そんな馬鹿げたことはない。男の子が女の子を叩いたり、泣くまでいじめたりするのは、彼がまだ健全な感情表現や対処の方法を身につけていない印なのだ。おそらく彼の両親や養育者が身をもってお手本を示していないからだろう。「きみが好きだから殴ったんだ」の道へと続くクソのような行動は、若いうちにやめさせるべきだ。それには男の子の親が介入するしか方法はない。よい男の子に育てるほうが、悪い男を変えようとするよりも、とてつもなく簡単なはずだ。すべては親の努力にかかっている。

ヒント19

プラトニックなスキンシップはしてもいいのだと男の子に教える

男の子とタッチ。聞いただけでぞっとするかもしれないね。なんだか汚くて悪いことのような感じがするのは、ひどいニュースが多すぎて、すぐに性的なことや、犯罪的なことまでが頭に浮かぶからかもしれない。

ちょっとした実験をしてみよう。小学生の女の子が公園で遊んでいて、雲梯《うんてい》から落下しケガをしたとしよう。彼女は痛いからなのか、他の理由からなのか、なにしろ泣いている。親は側にいない。その時、友だちの少女がやってきて、彼女の肩を抱いて「大丈夫だよ」と優しくささやきかける。あるいは公園にいた他の母親が、やはりその子をハグして慰めるように体を触る。何も問題ないよね？　ぞっとすることもないし、不適切だとも思わない。知らない母親を危険視することもないだろう。ただ単に、ケガをした女の子を少女や大人の女性が慰めている図だ。まったく問題なし！

今度は同じシナリオで、ケガをしたのが男の子だとしよう。他の男の子がやってきて肩を抱いて涙をぬぐってくれている。知らない父親が少年を助けにやってくる。さて、こんなシーンを想像すれば、社会の大多数の人が、そこにいくつも問題があると思うだろう。

第一に、男子たるもの泣くべきではない。自分のせいでケガをして、人前で感情を表すのは、彼が弱いからだ。もっと強くなるべきだ。次に、男の子が、傷ついた友だちを慰めるように彼の体をタッチするのには、何の罪もないが、世の父親の目にはそうは映らない。如才ない父親の中には、友だちの男の子に、「構わないでいるほうが賢明だ」と言うかもしれない。また、「他の男の子の体を触るのはよくない」と、ためらうことなく大声で告げるかもしれない。さらに、もしケガをした少年を大人の男性がハグしようとしたら、完全に警察に通報！　とあいなるだろう。父親が公の場で、自分の子どもの世話をしている場合でも、誘拐犯や性犯罪者だと疑われないかと不安になることがよくある。知らない子どもを公園でハグするなど、もってのほかだ。

こうした認識は、なぜ生まれたのだろうか？　「男とタッチ」については、それこそ多くの理由や解き明かさなくてはならない問題がある。

マーク・グリーンは二〇一八年の「男性の人生からプラトニックなタッチが欠けているのは命取りだ（The Lack of Platonic Touch in Men's Lives is a Killer)」という投稿で、この問題を完璧に正直に探求している。幼い頃から男性にとって、タッチとセックスは同義語になっていると彼は言う。したがって、多くの男性は、求められていない性的タッチをする危険を冒すまいとして、相手に触れるのをひたすら避ける選択をするようになってしまう（恋愛関係は別として）。そんな条件反射的な反応が、ついには男性を孤立させ混乱させる。グリーンはこう述べている。「すると男性はどうなる？ 物理的にも心理的にも孤立してしまう。人間らしい身体的な触れ合いが、ストレスを軽減し、自尊感情を高め、仲間を作ることが分かっているのに、そこから切り離されてしまうのだ。そして我々男たちは、都会の大群衆の中をたった一人で、断絶した砂漠を歩くのだ。身体的な結びつきを求めて。我々は触れ合いを欲している。でも切り離されている。それは**触れ合い孤独**となる[*26]」

グリーンは決して間違っていないが、ありがたいことに私自身の経験や育ち方には当てはまらない。私の父は、ほとんど感情を表すことのなかった父親（私にとっての祖父）に育てられた。祖父はよい父親だったが、父と感情的な繋がりをもてなかったのだ。祖父はポルトガルからアメリカにやってきた移民で、物事を「祖国」と同じやり方でやった。まじめで寡黙で、感情や愛情を表すことは男のすべきことではないと信じていた。走って祖父に抱きつこうとした六歳の私に、祖父が握手の手を差し出して応じたことを今でも覚えている。幸運なことに私の父はそうではなかった。彼は自分が父親になったら、同じやり方はしないと誓っていた。そして祖父から続いたサイクルを断ち切って、私と弟に、健全で性的ではない触れ合いを教えてくれた。私が四十歳になった今でも、父は「ハロー」と「グッドバイ」と言う時には、毎回、私を抱きしめてキスをしてくれる。子ども同士でもそうだ。十代の初めの頃、友人の家に泊まると、同じベッドで友だちと一緒に寝たものだ。ベッドは十分広かったし、何の疑問も抱かなかった。

現在、私は三人の息子の父親で、うちの家族はハグが大好きだ。毎朝仕事に行く前に息子たちを抱きしめてキスするし、帰宅した時も同じようにしている。ソファに座ってテレビを見ている時には、何のためらいもなく息子たちに寄り添っている。サムの好きな足のマッサージも喜んでしてやる。サムも喜ぶし、子どもたちと打ち解けた気持ちになれる。こうした習慣は、彼らが赤ん坊だった頃から自然に続けてきたことだ。赤ん坊だった息子たちを（寝かす時以外は）いつも抱いていたし、だっこ紐に入れて歩き回った。いつも息子たちと触れ合って遊んでいたが、それは性的ではないタッチだった。それを見聞きして、たじろいだり、ひるんだりする人もいたし、「子どもの唇にキスをするのって大丈夫なのか？」と疑問視する人もいたが、私はいつも、胸を張って「大丈夫！」と答えたものだ。

六回もスーパーボールのチャンピオンに輝いたアメフトチーム、ニューイングランド・ペイトリオッツのクォーターバックで、ＧＯＡＴ〔史上最高〕選手と呼ばれるトム・ブレイディ選手も、こうした批判から受ける痛みを知っている。二〇一八年にフェイスブックに公開されたドキュメンタリー・シリーズ『トムvsタイム』の中でトムが長男の唇にキスしているシーンを見て、ネットは炎上した。父親が息子の唇にキスをするのは変だ、気持ち悪い、不適切だというコメントであふれた。それもすべて、男のキス、特に唇へのキスは、一〇〇パーセント性的だという誤った条件付けのせいなんだ。[*27] 同じことがペイトリオッツのコーチで、チームを何度もスーパーボール勝利に導き、やはりGOATと呼ばれたビル・ベリチックにも起きている。ある年、スーパーボールの勝利を祝って娘の唇にキスをしたことで、同じような攻撃にさらされたのだ。[*28] 愛情あふれる二人の父親が公の場で自分の子どもに、決して性的ではない愛情を示したことが、人々には理解できなかった。なぜなら、男というものは捕食者で、そういった愛情の示し方は概して女性だけのものとされているから。(話はそれるが、私がこんな話を紹介したのは、すべてのスポーツの中でも最も輝かしいチームの、史上最高のコーチとその最強のクォーターバックについて大いに自慢したかったからだろう、と疑う人は、そう思ってくれて上等! えっへん、ざまあみろだ!)

私が言いたいのは、男性を自制できない怪物だと決めつけたり、身体的な愛情を示せば軟弱者と見なしたりすれば、男たちがプラトニックな人間の触れ合いを積極的に避ける環境を作ってしまうということだ。そのような孤立と、恥辱感が混ざり合った状態は、だれにとってもよいものではない。男同士が顔を合わせた時は、素早く力強い握手を交わすのが一般的だ。あるいは、片手の握手に続いて、お互いの背中を二度軽く叩き合う「ハグもどき」な行動をすることもあるが、すぐに体を離して目をそらし、相手との間に生じるかもしれないホモフォビアや羞恥心に気づかないふりをするのだ。ソファに男同士で座っている場合は、意図的にでもうっかりであっても、決してお互いに触れてはならない。でも、ポテトチップの皿に同時に伸ばした手が偶然に触れてしまったら、ああ、神様！　お助けください！　そんな状況から「俺、ホモじゃねえよ」という問題フレーズが生まれたのだ。男たちは、自分たちは兄弟分であって、決してゲイではないと、正式に世界に向かって表明しない限り、恋愛感情抜きで体を近づけたり、触れ合ったりすることが許されない。しかも、馬鹿げたことには公衆トイレで放尿する時にも「ゲイと思われないように」スペースを空けろ、という不文律さえある。なにも放尿中にプラトニックな触れ合いをしろと言っているのでは決してないが、いかに男たちが触れ合いを避けたり、触れ合いそうになることすら回避するようになったかが、お分かりいただけたと思う。

実際、科学的な研究によっても、人と触れ合うことには目に見えるメリットがあると示されている。ティファニー・フィールドの研究は、マッサージが早産児の健康状態を向上させると示しているし、[*29]二〇一七年にスウェーデンの研究者アスタ・チェカイタとマルヴァ・ホーム・クヴィストも、抱擁には子どもを落ち着かせる効果があると述べている。[*30]このようにプラトニックな触れ合いには、人をより幸福に、より健康に、より生産的にする、健康面の効果があると証明されているのだ。

したがって、性的でないほとんどの状況で身体的な触れ合いができない男性にとって、触れ合いの喜びはどこから得られるのだろうか？　異性愛の男性の場合は、性的な関係にある女性から得られるだろう。しかし、グリーンがエッセイで述べているように、そうしたアレンジメントには多くの問題がある。まず、意外にも多くの男性がデートが苦手という現実がある。必ずしも恥ずかしいからというのではない。触れ合いの経験がないため、どう触れたらいいのかがまるで分からず、ぎこちなくなるのだ。「男性や女性のハグは、ぶざまなダンス、股間をこっちに向けたりあっちに向けたり。まるで滑稽な振り付けのようだ。肩を寄せ、臀部は離す。『決してこれは性的ではありませんよ』と視界にいるだれかれに向けて発信しようとしているかのようだ」とグリーンは述べる。恋愛の初期段階で、男性の行動は両極端に分かれる。愛情を示すどんな行為も性的だと思われないかと過剰に心配して、人間同士の触れ合いから何ら喜びを得られない場合、あるいは、身体的な関わりをもてる相手を得たことに有頂天になって、完全にやりすぎる場合の二つだ。後者では、その関係が男性にとって文字通り唯一の身体的親密さへの架け橋となれば、彼らは麻薬のようにそれをむさぼるようになる。パートナーは突如として、男性の身体的な触れ合いすべての担い手となってしまう。パートナーは身体的触れ合いを制限したり、健全な範囲にとどめたりする大きな負担を負わされるのだ。一人の人にすべて依存するのは、男の子にとって概して健全なことではないし、選択肢が非常に限られてしまう。それが、ガールフレンドの存在が成長期の多くの異性愛者の少年たちにとって生きるか死ぬかの一大事となる理由の一つだ。少年たちは人との身体的な触れ合いがまったくない乾ききった島に取り残され、ガールフレンドを見つけるしか渇きを癒す術はないと感じてしまう。すると、性的な関係だけが、恐れと混乱と絶望に満ちた、異常なほど危険をはらんだ目標となってしまうのだ。

一方、成長期の男子にとって性的でないタッチは、主に攻撃的な行為という形をとる。フットボールゲームのタックルや、レスリング（レスリングがいじめになることも多い）、悪ふざけなどが、彼らが唯一、他者と身体的に触れ合える時間となるのだ。大きくなると、「軟弱な」男の子にしたくないといって、両親がハグやプラトニックなタッチをするのをやめてしまうことがよくある。それに、多くの若者が不安感によってデートの世界から身を引いてしまうこともあって、極端な例では、「インセル（不本意の禁欲主義）」のような集団を作ってしまう。これは、愛情を女性だけに求める男たちで、それが得られないと腹を立て、暴力的にすらなる。

攻撃的な身体的コンタクトしか知らない彼ら（そしてそれは奨励されてもいるのだ）には、いじめっ子になる危険が生じる。やっとガールフレンドができても、彼女との関係に攻撃性を持ち込むかもしれない。それしか知らないからだ。それなのに我々は、なぜこれほど多くの男がＤＶの加害者になるのか、なぜ他人との境界線を無視する男がこれほど多いのか、不思議に思っているのだ。それは、生涯続くべき優しいプラトニックな身体的な触れ合いが、（それまであったとしても）幼い少年時代に断ち切られてしまい、タッチというものが恐怖、恥辱、攻撃に置き換えられてしまったからではないか。もし男性にポジティブなプラトニックな触れ合いの場がもっと与えられれば、虚しさを女性やセックスだけに向けることのない、感情的知性の高い世代が育つと私は心から信じている。

ここ数年、#MeToo運動は圧倒的な展開を見せている。女性たち（そして一部の男性たち）の体験に耳を傾けて、真剣に受け止める時がやっと到来したのだ。ほとんどの場合、男性が攻撃者であることは疑う余地がない。セクハラや違法行為を行ったものは、名前を挙げられ、恥ずかしい思いをさせられて、権力のある地位から追い出されるべきだ。しかしこの運動には別の一面もある。振り子があまりにも強く反対方向に振られることがあるのだ。女性の#MeToo運動を支えようとする善意の男性が、すべての時間を費やして自分は「善良な男」で「悪いやつら」の一人ではないと示そうとするあまり、女性との一切の身体的接触を控えるようになってしまう。中にはもっと極端に走る男性もいる。不適当だと非難されるのを恐れて女性と二人きりになることさえ拒む人もいるのだ。たとえば、アメリカの前副大統領マイク・ペンスは妻以外のいかなる女性とも二人きりになるのを拒否したが、彼のブレーンの一人である女性や、女性ジャーナリストと一対一で会わなくてはならない場合もあったはずで、これは厄介なことだった。[*31] #MeToo運動を警戒する会社の男性幹部によって決められた、職場での女性との一対一の対話を排除するというような解決法は、実際の問題解決にもならないし、指導の機会や、女性の昇進の機会を著しく制限するものだ。こうした男たちは、スポットライトを、正しい位置から自分へとシフトしていることに気づいていないのかもしれない。（性虐待の）サバイバーの声を聞いて広めようとするのではなく、問題の焦点を「どうすれば**自分が**間違った行いをしたと指摘されないで済むか」

にシフトしてしまっているのだ。私には何人かの素晴らしい女性の友人がいる。彼女たちと会って、普段通りプラトニックなハグや、頬にキスさえできないなんて考えられない。この問題への解答は、隔離や、女性との関係を絶つことではない。問題をもっと深く理解し、どう力を合わせれば効果的にみんなを助けられるかを知るためには、より多くの対話が必要だ。それは実にシンプルなことだ。基本的に女性を対等な存在として尊重すればいいのだ。

絶え間なく変わり続ける社会で育つ、若い感受性の強い少年たちの人生の見方や体験を変えることができるかどうかは、今の我々親世代にかかっている。そしてそれは実にシンプルなことだ。プラトニックな触れ合いを奨励すればいい。父親は生まれた時から子どもをできるだけ抱くことだ。私は生涯、息子たちを（彼らが嫌がらない限り）ハグしキスし続けるだろう。ソファで彼らに寄り添って、いつも肩を抱いていたい。そろそろデートをする年齢に達した長男に、性的なタッチとしてではなく、プラトニックに触れることに、恥ずかしさや混乱した気持ちをもってほしくない。それに、男友だちがつらそうにしている時や、性的でない触れ合いを必要としている時にも、ホモフォビアに制約されずに、彼をハグしたり肩を抱きしめたりできるようになってほしいと切に願っている。

私たちのすべての体験の根底にあるのは、人と人との繋がりだ。そんな基本的なことを息子たちが体験したり理解したりするのを、大人が阻止するなんて正気の沙汰ではない。セックスとまったく関係なくタッチしたり、タッチされたりすることは、だれにとっても必要なんだ。私たち親は、これほど重要な人と人との触れ合いを子どもたちから奪ってはいけない。

ヒント 20

男の子が悲しい思いをして、助けを求めてもいい

私が勇気を振り絞ってセラピストのところに行けるようになるまで何年もかかった。弱虫だと思われないかと心配だったのだ。男なら、問題について不平を言ったり、人に話したりする必要などないと確信していたからだ。最終的にセラピーを受けるまでに、私は何年も軽度のうつで苦しんだ。それまでに失った時間や、治療が遅れたことや、家族にとってベストな夫や父親ではなかった数年間のことを思い起こすと、とても恥ずかしい。残念なことに、自分の気持ちを話したり、感情を整理するために外に助けを求めたりするような男性に社会が与える恥辱感は、深く、そしてとても恐ろしいものだ。そう感じているのは決して私だけではない。

メンタルヘルス・アメリカ〔一九〇九年に設立されたコミュニティベースのメンタルヘルス支援非営利団体〕によれば、毎年六百万人以上の男性がうつ傾向に陥るが、ほとんどの人が診断を受けていないという。*32 米国心理学会によれば男性の九パーセントが、日常的にうつや不安を感じており、男性の三分の一近くが、うつ状態が長期に続いて苦しんだことがあるという。しかし最も驚くべきなのは、アメリカ人男性の自殺率は女性のおよそ四倍にも上るという統計だ。これはほとんど語られていないことだが、すべての人が

知っておく必要がある。中でも特に多いのは高齢の白人男性だという。*33

明らかに男たちは危機に瀕している。それなのになぜもっと多くの男性が助けを求めないのか？　その理由ははっきりしている。「助けを求めるのはお前のような女々しいやつだけ」だからだ。

大多数の男性の間に（率直に言って、多くの女性の間にも）男たるもの自分の問題は自分で対処すべき、という考えがはびこっている。自分で対処できない男は、ホンモノの男ではない。ところで、男らしさのステレオタイプの領域では、悩みの根源を探るためにカウンセラーやセラピストに気持ちを打ち明けることを、「対処」とは呼ばない。なぜなら、感情的になるのは女性だけだから。その代わりに男たちは様々な役に立たない方法で「対処する」よう教えられてきた。しかしそんな方法は、正しい対処法を必要としている男性を救えないばかりか、社会にとっても有害な、ろくでもない方法ばかりだ。

『ファイト・クラブ』〔一九九九年製作のアメリカ映画〕という映画が多くの男たちに好まれているのは、攻撃によって問題解決ができるというお墨付きを男たちに与えるからだ。『ファイト・クラブ』の第一のクソ規則は、「何も言うな」。その後は、ボコボコになるまで殴り合えば、抱えている問題がずっと軽くなると思わせる。なんというバカバカしさ。そもそも我々は問題にどう対処すればいいと教えられてきたのだろう？　暴力による攻撃で、自分の苦悩を解き放てというのか？　なんとも素晴らしい対処法じゃないか！

暴力以外に、男たちにはどんな選択肢があるだろう？　たとえば、酒やドラッグに走るのも、明らかに問題の対処法として容認されている。本物の医師ではなく、ドクター・ジャックダニエルズやドクター・ジョニーウォーカーやドクター・ジムビームのカウンセリングに頼る、大酒飲みで強くて寡黙な男が俺たちは大好きさ！　米国疾病予防管理センター（ＣＤＣ）の統計によれば、過度な飲酒をする男性は、およそ女性の二倍に上り、二三パーセントの男性が過去一ヵ月間に、少なくとも三回、平均八杯の飲酒をしたと報告している。さらにＣＤＣによれば、飲酒に関連した死や入院は常に女性より男性に多く見られ、飲酒運転による死亡事故のケースでも男性の率が女性の倍になっている。また自殺の前に飲酒していた割合も男性のほうが多い。[*34]

攻撃や酒や薬物乱用が悩みを解決してくれない場合は、あのお馴染みの「黙れ。メソメソするな」となるわけだ。長年それが私の着地点でもあったが、「何の問題もない」ふりをしていた間、自分も家族も不要な苦しみと苦悩に苛《さいな》まれることとなった。それもこれも、冷静なストイックさを装った無知と、バカバカしさと時代遅れにまみれた作り物の「男の証明書」にしがみついていたせいだった。

男たちよ、聞いてくれ！　必要な時に助けを求めるのは弱いことではない。軟弱でもないし、「男らしくない」わけでもない。実際、ベストな夫であり父親であるために必要な助けを得ることこそが、最高の男らしさなんだよ。強さの表れであり、よりよい人間になろうという気持ちの表れでもある。そこにたどり着くために助けが必要でも、まったく問題ない。だれでもいつかきっと助けが必要だから。私たちの社会は、人間関係で結びつくコミュニティから成っている。そして助け合いと人との繋がりを求めることによってコミュニティが強くなっていくのだ。みんなだれかに助けられているし、だれかを助けている。だから、感情を遮断して自分を壁で囲むことに本質的な価値があるという、時代遅れの馬鹿げた考えは排除すべきだ。だって、そんな考え方は男たちの精神的、感情的な衰退を早めるだけだから。男友だちと暖炉の前でビールを飲みながら、フットボールのドラフトを妄想して楽しむことがある。ただ酔っぱらったり、アメフトプレーヤーのトム・ブレイディがジョー・モンタナよりGOATにふさわしいかどうか（ところで、その答えはイエスだ）議論したりするだけが目的ではない。その時々の人生の悩み、たとえば夫婦間トラブル、ワーク・ライフ・バランスの不満、父親や男として自分は十分だろうか、といったことについて心を開いて話し合う。だれかの画期的な出来事を祝ったり、成し遂げたことを喜び合ったりもする。要するに、深い問題について話し合って、仲間たちから批判ではなく、支えが得られていると感じるのだ。仲間のだれもが人生に翻弄されて打ちのめされたことがあるが、だれもがたった一人でその運命を好転させたわけではないということを私は知っている。

強さには沈黙がつきものではないし、悩みについて話してもいいということを、もっと多くの男たちが知るべきだ。決して大げさに言っているのではない。それに気づけず、メンタルヘルスに問題があっても「有害な男らしさ」に支配され続けることが、文字通り男たちの命取りになっている。そうしなくてはならない理由など、本当はどこにもないのだ。女性たちは困難な状況が起きても頼れるネットワークや友人関係をもっていることが多い。男性に同じことができないという生物学的な理由などない。男たちだって、まず生きなくてはならない。憤りを静めなくてはならない。より健康に、そしてより対話をしなくてはならない。もしもっと多くの男性がこのことを真剣に受け止めれば、よりよく、より健康になって、破壊的にならずに済むだろう。そんなタイプの男たちがきっと現れると、私は全身全霊で信じている。

父親として、恐れずに子どもにも自分の弱さを見せることもこの問題の解決に繫がる。悲しい時は子どもにそう言ってもいいし、なぜ悲しいのかを（子どもの年齢に合った言い方で）説明してもいいじゃないか。それは子どもに問題を押し付けることになると言う人もいるかもしれないが、私は大人も苦しんでいると子どもが知ること、そして大人が自分の問題を積極的に解決しようとする姿を子どもに見せることがとても重要だと思う。必要な時に助けを求め、問題を共有するお手本を示せば、子どもたちも自分に問題が起きた時、同じことができるだろう。それに、これは家庭内での非常に重要で率直なコミュニケーションにも繫がるのだ。

ヒント 21

伝統的な男らしさにそぐわないことに関心をもっていい

もし私に屈強な息子がいたとしたら、望むことがいくつかある。その最上位は、何と言っても、スポーツへ大いなる深い愛情をもつことだ。私は学生時代に毎年三種類のスポーツをしていたし、夏休みには野球やバスケットボールのサマーキャンプにも行った。これまでずっと、地元のアメフトチーム、ニューイングランド・ペイトリオッツのシーズンチケットを確保してきたから、アメフトの試合なら何百回も観ている。スポーツの大ファンで熱狂的とすら言えるだろう。だから子どもたちも自然にそうなるものだと思い込んでいた。

ところが……私の驚きを想像してみてほしい。当時小学二年生だった長男ウィルがある日、家に帰ってくるなりこう告げたのだ。「パパ、ぼく学校でスクラップブック作りのクラブに入ったよ！」

長男は七歳にして、すでに野球が嫌いだった。野球の試合はスローすぎるし、なにしろまったく興味がなかった。彼はいつも同年齢の中で背が高かったので、「バスケットボールはどうだろう？」と私は考えた。でもこれもハズレだった。息子はまるで糖蜜がゆるゆる流れるように動作がゆっくりで、母親のしなやかさ（のなさ！）とぎこちなさを受け継いでいた。アイスホッケーをしたとしても、「氷上のキリン」のような壮大な大惨事になるだろう。最近はＣＴＥ〔慢性外傷性脳症。繰り返される頭部外傷から生じる脳細胞の変性〕研究が取りざたされるようになったので、アメフトをさせるのは、もってのほかだった。チームスポーツは、私にとって子ども時代の基本でもあったし、最高の思い出を作ってくれたものだったが、息子にとっては早くから、あり得ないものとなった。

代わりに彼は、私が想像すらしなかったものを選んだ。夏休みに私がマサチューセッツ州マリタイム・アカデミーやカレッジ・オブ・ホーリー・クロスのバスケットボールのサマーキャンプに入ったのに対して、息子は何をしたと思う？　なんと、「農場から食卓へ（Farm-to-Table）」というサマーキャンプで一週間、料理をしたり、農場を訪ねたり、自分で収穫した新鮮な野菜のレシピを考えたりしたんだ。ウィルは本当に料理が好きだ。ピンクのエプロンをつけて、食材選びに夢中になって、それらをどうまとめて料理にすればいいか、うっとり考えている。その年、彼はもう一つのアクティビティとして、なんと驚いたことにアメフトを選んだ。だれよりも「優しい巨人」〔体は大きいが穏やかで繊細な人〕で、地球上で最も運動神経の鈍さを誇る私の息子が、フットボールを選択した。その理由は尋ねるまでもなかった。私を喜ばせようとしていたのだ。その気持ちはうれしかったが、すぐに思い直した。だって、彼の心がそこにないと私には分かっていたから。彼が本当にしたかったことは何だと思う？　レインボー・ルームというプラスチックの道具を使って、カラフルなゴムやプラスチック紐を編んでブレスレットや飾りにするアクティビティをしたかったのだ。それがウィルらしいし、私はそれでいいと思っていた。私は子どもたちを変えて自分のようにしたいなどとは決して思わない。そんな子育ては無責任だし、自分のクローンを育てたいとも思わない。

　スクラップブック作りに話を戻そう。ウィルはそのクラブで自分が唯一の男子であること、「男の子はこうあるべきで、女の子はこうあるべきだ」と社会が勝手に決めた不文律に逆らっていることは分かっていたけど、それでもスクラップブック作りを選んだ。それなのにさっそく初日に、悪気のない教師が男女のバイナリー〔二元論〕を繰り出してきた。ウィルがレインボー・ルームに選んだピンクや黄色、紫ではなく、「赤か青」の材料を押し付けようとしたのだ。ウィルは、自分の選んだ色に満足していると冷静に教師に言った。だって「男の子の色」や「女の子の色」なんて決まっていないと。そしておとなしく編み始めた。彼は自分自身と、心から好きなことができたという事実に満足していた。四十歳の私に、七歳の息子のような強さと自信があるだろうか！　私は子どもの頃、本当に好きなことをする強さがなかった。だから今、自信と誇りをもつ若い男の子を育てることで埋め合わせをしている。だれに何と言われようと、自分が正しいと思ったことができる子どもを育てたい。単純なことに思えるかもしれないが、それは実はすごいことだし、なかなかできないことなんだ。でも、もっとそうするべきだ。子どもはだれでもハッピーになれることをするべきだよ。でも残念なことに、それが現実にならない男の子があまりにも多い。

　子どもがいつも親の足跡をたどるわけではない。でも私たちが若い頃に歩いた道より、よい道を子どもたちに示すことはできる。その最も重要な方法の一つは、常に心を開いて、子どもたちが新しいことや予想外のことを試すのを認めることだ。思わずぞっとするようなことや、恥ずかしくて友人に言えないこともあるかもしれない。不安になったり気まずい気持ちになるかもしれない。でも私は年をとるにつれて、気づくようになった。想定外というのは、それほど悪いことではないと。それは自分の世界観が挑戦を受けていることだし、なぜ不愉快になったり居心地が悪くなったりするのかについて深く考えさせられるということなんだ。あまり言われていないことかもしれないが、子どもが親から学ぶのと同じぐらい、親も子どもから学ぶのが子育てというものだ。それが真実だよ。

その真実が顕著に表れたのは、二〇一八年に次男のサムがマニキュアのことでいじめられた時だった。それが十年前だったら、私はサムがマニキュアをするのを許さなかっただろう。少なくとも家の外には行かせなかっただろう。おそらく、除光液を手に、待ち構えていたことだろう。そして、それがサムのためだと自分に言い聞かせていたにちがいないが、それはウソだ。やめさせようとするのは、私のためだ。自分が不安だからなのだ。親戚や友人に見下されて恥ずかしい思いや居心地の悪い思いをしたくないからなんだ。

最大の悲劇は、「何があっても子どもを愛して支える」という子育ての黄金律を無視していただろうということだ。それに、隠すことに時間を費やし続けていたら、サムの性格の素晴らしい全容を知ることだってできなかっただろう。でも今の私は、サムの人格が放つ灯りや、彼の美しいネイルの輝きを鈍らせることなんて考えられない。伝統的に女性らしいと思われているマニキュアのようなことをするのが、サムみたいな男の子にとってさらなる障害になるだろうか？　そうかもしれない。でもそれが何だというんだ！　そんな障害は、成長過程で絶え間なく否応なしに押し寄せてくるバカバカしい障害と同じように、乗り越えればいいのさ！　たかが派手なマニキュアのことで父親が息子を恥ずかしいと思ったことで、サムが心に受けたかもしれないトラウマのほうが、ずっと乗り越えるのが困難だったことだろう。そしてもっと悪いのは、サムが「有害な男らしさ」に屈しなくてはならなかったかもしれないことだ。私は、手遅れになる前に目を覚まして、このバカ頭を穴から引きずり出すことができて、本当によかった。一生感謝してもしきれない。

より調和のとれた人間になるために、子どもが自由に、そして他者に判断されることなく、新しいことに挑戦できるスペースを与えるのが親の仕事だ。そうすればあなたも、地域でできたオーガニック野菜の料理や、ゴージャスなスクラップブックや、きれいなゴム紐のブレスレットを手に入れることができるかもしれないよ。究極のマニキュア事件のおかげでツイッターが広まって有名人になれるかもしれないし！

ヒント 22

男の子と女の子の有害なダブルスタンダードを避ける（特にデートにおいて）

ほとんどの親は男の子と女の子の扱い方が違う。それは妊娠が分かって、お腹の中の赤ちゃんが「野球選手かな、バレリーナかな？」と空想し始めることから始まり、その子が大きくなってデートする年齢に達するまで続く。男の子なら、ガールフレンドができたことをハイタッチして喜び合うが、女の子なら求婚者を遠ざけるための堀を築き始めるのだ。赤ん坊から十代までの間に起きるおびただしい数の小さな事柄は、たとえ無害に思えても、実は、性別によって規則が違うということを息子や娘に知らしめている。だから親は、自分が男の子と女の子をどう扱っているかに気づくべきだ。社会が独断的に決めたジェンダーの有害なメッセージを子どもたちに送ってはならないのだ。

残念なことにこうした差異が、すでに分娩室で表れることがある。新生児には生まれて間もなくコミュニケーション力が備わる。話しかけたり一緒に遊んだりすることによって赤ちゃんの認識力や言語力が高まる。ロードアイランド州にある女性と新生児のための病院のベティ・ヴォア医師の研究によれば、母親は男の子より女の子の赤ちゃんに、話しかけることが多いという。それは、幼い頃は女子のほうが男子よりも認識力や語学力が優れているという事実に基づいているかもしれないという。[*35] そのため私たちは男女に違う話しかけ方——(男の子には、「やあ、ボス!」「よう、チャンピオン!」、女の子には「お姫様のごきげんはいかが?」のように)をするだけでなく、概して男の子に話しかけることが明らかに少ないようだ。

やがて子どもたちが大きくなって人格が形成され始めると、「自己主張」の意味が男女では異なっていると、あっという間に学んでしまう。小さな男の子が欲しいものをはっきり口に出して言えばたいてい褒められる。人々は彼には自信と指導力があると称える。しかし、女の子が自分の希望について声を上げれば、威張っているとか、無礼だとすら思われることが多い。スポーツのフィールドで男子は攻撃的であることが奨励されるが、女子は概して控え目にするようにと言われる。私は子どもたちのスポーツイベントを数多く見てきたが、アグレッシブな身体的プレーや、ボールの一人占めや、個人的な栄光は、それが男子ならいつだって褒められる。一方、男子と一緒に同じスポーツをする同い年の女子の場合は、ボールをパスすることや、チームワークにより集中することが奨励される。また、スポーツでケガをした場合ほど男女差が顕著に表れることはない。ケガをした女子が涙を流しても親たちは普通のことだと思うが、同じケガをしたのが男子なら、親たちの「平気、平気！　痛みなんか吹き飛ばせ！」という怒声がフィールドやコートに響き渡るのだ。

こうした行動は私たちに根深く埋め込まれて世界観の一部と化しているため、自分が性別によって子どもたちの扱いを変えていることがなかなか認識できない。でも我々親は気づく努力をすべきだ。なぜって？　子どもたち自身がそれに気づくようになるから。彼らはすべてを吸収し、それが、こうしたことについての考え方の形成に大きな影響を与えるようになる。たとえば、男の子は、それが特に正しいことでなくても、自分の行動や意見に強い自信をもてば褒めてもらえると気づき始める。その問題に気づかず、息子に「何がなんでも勝て！」と不用意に伝えているような親は、平等主義的な考え方への努力を怠っている。それがどれほどのダメージや害になるかは気にも留めない。一方、自己主張して罰せられた女の子は、その体験から学んで、目立たないようになってしまう。

だから、性器の形状にかかわらず、子どもに同じように期待してほしい。性別によるダブルスタンダードは運動場と同じぐらい教室でも有害だ。そのまま放置すれば、それは家庭内、ひいては職場での不均衡へと繋がっていくだろう。

しかし、とりわけダブルスタンダードが顕著で、性差別的なのは、子どもたちのデートについての親の態度だ。デート年齢に達した男女に課す異なったルールは、めちゃくちゃなのだ。それは親が子どもたちとデートについて健全で生産的な会話をする機会をまったく逃してしまったことの表れだ。

ダブルスタンダードの一例を挙げよう。前にも少し述べたことだが、娘をデートに誘おうとする男の子を冗談で脅すと言った親の話だ。誤解のないように、初めに言っておこう。子どもがデートをする年齢になると、心配したり不安になったりするのは、ほぼどんな親にもあることだ。どんなことがあっても子どもを守りたいというのも、まったくノーマルな願いだ。子どものデート相手が、育ちのいいきちんとした性格であることを願うのも、十分理解できる。しかし、人生のどんなことにも言えるように、男女で異なるルールを無意識に押し付けていることに気づかなくてはならない。

遠慮なしに言わせてもらうと、「小さなお姫様」に恋焦がれる男の子を大っぴらに脅したり、おびえさせたり、威圧したりしている親は、しかも銃を使って脅したり、おびえさせたり、威圧したりするような親ならなおさら、クソ親以外のなにものでもない！　メディアや子育てのネット環境には、こんなアホらしいことを正当化するようなメッセージがあふれていて、未成年を暴力で脅すのがあたかもよい育児であるかのように思わせているのは、なんとも不幸なことだ。

子どものデートが話題に上ると、ＳＮＳに必ず出てくるのが、二〇〇三年の『バッドボーイズ2バッド』というマーティン・ローレンスとウィル・スミスが出演した映画のワンシーンだ。「レジーのシーン」と呼ばれるこのシーンで、十五歳の少年がローレンス家のドアをノックして、娘を初めてのデートに誘いに来たと礼儀正しく告げる。それからの二分間、ローレンスとスミスは少年に悪態をつき続け、理由なく少年のボディチェックをし、暴行を加えるぞと脅し、少年の性経験を問いただし、顔の前で拳銃を振り回し、ウィル・スミスが少年を「監獄にぶち込まれたらレイプされるぞ」と脅す。れっきとした二人の成人男性が、――ところで彼らは市民を守るのが義務の警察官でもあるのだ！――十五歳の少年に拳銃を向けて「カマを掘られるぞ」と脅し、殺すと脅す。少年は礼儀正しく、ローレンスの娘をデートに迎えに来ただけなのに。ＳＮＳで娘の将来の求婚者の扱い方について話し合う時、このシーンは、なんと（主に父親にとっての）金字塔として広く認識され、頼りになるアドバイスとなっているのだ。

これはしょせん映画の話だが、現実にもこうした、ろくでもない例がたくさんある。元ＮＦＬ（ナショナル・フットボール・リーグ）選手で後にＣＢＳテレビのコメンテイターになったジェイ・フィーリーが二〇一八年にツイッターに投稿した写真は、彼が十代の娘とそのボーイフレンドの間に立ち、片手を娘の肩に置き、もう一方の手に拳銃を握っている姿だ。[*36] 二〇一四年にはアメリカ海軍特殊部隊をリタイアしたマーカス・ラトレルのフェイスブック投稿が拡散された。娘をデートに誘う将来のボーイフレンドに対する過酷な条件と、自分のことを、「娘のボーイフレンドを阻止する、壁に鎖で繋がれた気性の荒い狂人」だと称している投稿だ。[*37]

さらには、DADD（Dads Against Daughters Dating：娘のデートに反対する父親グループ）と称するいくつものオンライン・グループが存在している。ただのアホな、子どもじみた短絡的なグループのように聞こえるかもしれないが、実際はもっとひどい。こうした男たちは、ある似通ったメッセージがプリントされたTシャツを着るのがお気に入りなので、すぐに見分けられる。多少の違いはあっても、テーマは同じ。こんな感じだ。「俺は武器を持って娘の処女性をガードしている不気味な男だ。近づく者はだれであっても打ちのめす。そうさ、俺は未成年者をぶちのめすことに奇妙な誇りを抱く成人の男なんだ」。実際に、こんな文句が印刷されたTシャツもある。「娘のデートに反対する父親たち――一人目を撃ち殺してメッセージを拡散させろ」。他にもこんな優れモノもある。「俺の娘とデートするためのルール――一、職を探せ。二、俺に嫌われていると知っておけ。三、俺はいつだってお前のすぐ側にいる。四、娘を傷つけたらお前を傷つける。五、約束の三十分前に娘を家に送ってこい。六、弁護士を雇っておけ。七、ウソをついても見抜くぞ。八、娘は俺のプリンセスだ。お前の勝利品ではない。九、俺は監獄に送り返されても悔いなどない。十、お前が娘にしたことと同じことを、俺がお前にしてやる」[*38]

「ただのジョークじゃないか、気にするな」と言う声が聞こえてきそうだけど、いったいこれのどこがジョークなんだ！　ここには最低のメッセージがいくつも隠されている。こんな最悪のジヨークは、即刻、抹殺すべきだ。第一、子どもを銃で脅すなんて、どんな男なんだ！　銃は冗談なんかじゃない。小道具として使われたとしてもだ。第二に、そんな愚かな行為をする父親たちに共通した言い訳は、こうだ！「自分が彼の年齢だった頃をよく覚えているから、危険を冒したくないんだ」。さて、実際この例は #NotAllMen〔「すべての男が加害者ではない」。フェミニズム・ムーブメントの対立意見としてしばしば主張され、ネット上で賛否が巻き起こっている〕運動にぴったりの例と言える。すべての男の子が、デート相手の父親から暴力で脅されるような、非難に値する行動をするわけではない。私は三人の息子を育てているが彼らは礼儀と他者への尊重を兼ね備えている。たしかに彼らだって、旺盛なホルモンに支配されそうになることもあるかもしれないが、私は彼らを、衝動的に行動して他者を犠牲にするような子どもには育てていない。もう一つ言いたいのは、こうした父親たちが馬鹿げた行動の言い訳に、過去の**自分たちの**女性への悪行を例に挙げているのは、なんとも皮肉だ！　お前らは過去に、娘に過保護な父親に銃や暴力で脅されても怖気づくことなく、自分の悪行を改めなかったと言うのか！　それなら、今、お前たちがしていることによって娘の将来の求婚者を阻止できるはずなどないじゃないか！　こんな方法ではなく、新しい方法を試す時が来ている。男の子に期待されていることについてオープンに話し合い、同時に女の子にも健全な交際の選択をするよう教えようではないか。

三つ目のポイントは、こうした過保護な父親の態度が娘たちにひどい害を与えることになるということだ。悪意のない、しかしとんでもなく、とんちんかんな父親たちが、娘を交際相手から守ろうと騒ぎ立てることは、親自身が娘を物として考え、壊れやすい磁器人形のように扱っていると暴露することだ。そんな危険なステレオタイプに反して、女の子たちは決して心のない物体などではないし、その処女性――イコール人間としての価値――が傷つかないように保護される必要もない。女の子の処女性を本質的な価値と見なすのは、社会がいかに彼女たちを裏切ってきたかを物語っている。それが露見したのは、二〇一九年十一月にラッパーのTIが、十八歳の娘の処女膜が損なわれていないかをチェックするためだけに毎年婦人科に連れて行くと、世界に向かって公表した時だ。[*39] 処女膜は性交以外によっても破れることがあるという事実はさておき、WHOも、そのような診察は不必要な医療行為なだけでなく、「痛みと屈辱とトラウマ」を与えるものだとしている。なにより**超不気味**で不適切だ！　娘の処女膜が破れていたらTIはどうするのだろう？　婦人科で処女膜再生手術を受けさせるのか？　勘当するのか？　彼はそれだけの時間と労力を費やして、娘が健全な選択をするための準備を整え、自分が娘にとって信頼できる情報源となれるように努力すべきなのだ。処女かどうかを医師に調べさせたりするのではなく。

しかし皮肉なのは、女の子のほうが男の子より成熟するのが早いということだ。これは私自身の経験だけでなく、他の男性から聞いた話にも基づいて言えることだ。私が十一歳の時、少し年上の女の子にYMCAの倉庫に引っ張り込まれてファーストキスを経験した。その瞬間まで、私はキスに舌を使うなんて想像もつかなかったのだ。女の子（そして女性）のほうから働きかけることや、女性がセクシュアリティについて積極的になることは、一部の人たちにとって非常に受け入れがたいことだ。しかし、女の子も男の子と同じように性に興味をもつし、試してみようとするのだ。娘は小さなお姫様で、自分が守らなくてはならない永遠の幼児だと思い込む父親は盲目だ。そうした態度とダブルスタンダードをもち続ける最大の悲劇は、親が娘たちとデートやセックスについて意味のある対話をする素晴らしい機会を失うことだ。対話によって健全な基盤とオープンなコミュニケーションのラインを作ることは、男の子に向かって銃を振り回すより、本当はもっとずっと効果的に娘たちを守れるはずだ。

「親愛なる娘よ——最高にいいセックスをしておくれ」と題されたフェレット・スタインメッツの素晴らしいエッセイは、だれもがそのタイトルを聞いただけで卒倒しそうになるだろう。でも、このエッセイのポイントは、娘に屈辱感を与えたり傷つけたりせずにサポートする父親の、愛情に満ちた心温まる純粋な約束なんだ。自発的な、そしてお互いに快楽を共有できるような、**最高のセックス**をしてほしいと彼は娘に告げている。彼は娘のセックスの詳細を聞きたいわけではないが、セックスは大切な人間同士の結びつきであって、セックスをすることは女性にとって本質的に下劣なことでもネガティブなことでもないと、ストレートに伝えている。そう思わないような男は、彼女にふさわしくないと。[*40]

すべての女子は恋愛において無垢な受け身であり、一方、男子は永遠の肉食動物で、彼女の親から手厳しい批判を受けても当然だという思い込みを、親たちは捨て去るべきだ。そんな考えをTシャツに刷り込んだり、夏の超大作映画の中で称えたり、堂々とSNSで拡散したりすることは、「お前たち男子は本質的に悪人で、女子はかわいそうな餌食だ」と言っていることに他ならない。そして女の子には、きみたちは主体性のない存在で、自分の体についての決定権は父親にあると、告げているわけだ。ちょっと想像してみてほしい。親が自分の大切な息子の童貞が守られるように、息子とデートしようとする女の子を脅すところを！　それこそ愚の骨頂じゃないか！

親たちよ、お願いだからそんなステレオタイプに従わないでほしい。「男の子が娘をデートに誘いに来るから、今のうちに銃を磨いておかなくては」などと「冗談」を言う人がいたら、それは「ちっとも笑えない冗談だ」と丁重に、でも単刀直入に言ってほしい。十代の子どもたちに何でも好き勝手にやれとか、無責任なセックスをしろとかと言っているわけではない。彼らが正しい情報に基づいた、相手を尊重できる、健全な決断ができるようにするには、もっとよい方法があると言っているのだ。脅しや、見張りや、女性蔑視や、家父長制度的な馬鹿げた行為は男の子も女の子も傷つけるだけだ。私たちは子どもと、セックスについて困難で気まずい話をするべきだ。それによって信頼関係が育まれ、子どもは安全な場所があると知ることができるようになるだろう。子どもの性別に関係なく同じルールと期待を与えることは平等主義と公正な考え方を子どもに伝えることになり、それはきっと、**子ども自身が**自分の子どもをもった時に真似できる特性となるだろう。

ヒント 23

「男の子なら性的虐待を受けても問題ない」と教えてはいけない

私は中学二年の時、臨時教員にのぼせ上がったことをよく覚えている。彼女はブロンドで若くて生き生きしていて、見たことがないほど美しい女性だった。男子はみんな彼女にあこがれていて、万が一学校の外でチャンスが訪れることがあれば、自分たちの中からだれが選ばれるだろうかと妄想したものだった。ぼくらは十三歳で、おそろしくまぬけで、荒れ狂うホルモンの海でもがき、自分の体に起きていることがまるでよく分かっていなかった。

ある日、友だちの家に集まって遊んでいる時、その教師と恋愛をしたいという話がまたもや持ち上がった。ただこの時は、友だちの父親が部屋にいた。叱られるのではと一瞬心配したが、そうではなかった。彼はニンマリしてこう言ったんだ。「そんなラッキーなことが**起きればな**」

彼の発言を当時はおもしろいと思った。でも今はもう気づいている。友人の父親がぼくたち十三歳の少年に言ったのは、つまり、教師にレイプされれば「ラッキー」だということなのだ。

映画『評決のとき』に、ある象徴的なシーンがある。マシュー・マコノヒー演じるキャラクターが裁判で、被告のサミュエル・L・ジャクソン演じる黒人の父親の無罪を陪審員に訴えている。黒人の父親は若い娘をレイプして暴行を加えた二人の白人男を殺害した罪で、人種差別の横行するミシシッピ州で裁判にかけられている。被告人に有罪判決を下したくてウズウズしている全員白人の陪審員に、マコノヒーは目を閉じるように言う。そして少女に訪れた言葉に言い表せないほどの恐怖について事細かく説明した。しかし、彼は人種差別的な陪審員たちが、黒人の少女を人間として見ることができないことを知っている。そこで最後にこう懇願した。

「では、彼女が白人だったと想像してみてください」

この映画のワンシーンが心に浮かんだのは、女性教師が未成年の生徒と性関係をもったという一連の事件について調べていた時だった。*41 どのケースにも同じような傾向が見られた。二十代から三十代初めの魅力的な教師が、十三歳から十七歳の生徒に性的接触をしかけたとされていた。教師の中には結婚して子どももいるのに、生徒との関係を何年も続けた人もいる。そこで私は、心の中でマシュー・マコノヒーを真似て言ってみた。

「それが男性教師と女子生徒だったと想像してみよう」と。

教師が生徒に性的虐待を加えたと聞くと、我々は大体において、気味の悪い男性教師がナイーブで無垢な女子生徒をだましたと思うだろう。虐待者を、**変質者、変態、児童性的虐待者**と呼ぶだろう。父親たちは、幼い娘を犯した化け物を打ちのめすと言うだろう。最低な犯罪者の手にかかった、若くて無垢な被害者がどれほど怖い思いをしたか、だれもがそう思うだろう。しかし私は、女性教師が男子生徒をだましたという事件がニュースになった時、人々がこんなことを言うのを聞いたり読んだりした。

「その男の子、うまくやったじゃないか！」

「そんな先生、ぼくの学生時代にはいったいどこにいたんだ?」

「ワオ、その男子生徒は世界一ラッキーだ!」

被害者が女の子ではなくて十代の男の子なら、なぜか児童性的虐待が緩和されてしまう。そう思うと悲痛になる。もっと陰険なのは、こうしたシナリオにおいて、男子生徒は被害者でなく勝利者だという考え方だ。自分の娘を犯す男は殴りつけてやると言っていた父親たちが、息子がセクシーな女性教師とベッドを共にするようなことがあれば、急に態度を変えてハイタッチで祝福するというわけだ。

信頼すべき権威者につけこまれれば、未熟な十代の男の子も、未熟な十代の女の子と同じように、混乱したり恥ずかしい思いをしたりするものだ。その上、社会からラッキーだとか、その出来事に感謝すべきだとかと言われたら、さらに最悪だ。もし女子生徒に、「セクシーな男性教師とうまいことやれてラッキーだ」などと言ったら、どれほどの恐怖と嫌悪感をあおることだろう。男子生徒は思春期に大人にレイプされたことによって、きっと深刻な影響が何年も続くだろう。教師が歴然とした力の差を利用して未成年を性的に虐待すれば、メディアがどれほど「セクシー」な教師だと言っても、その行為は性的虐待に他ならない。そしてそれは、加害者や被害者の性別にかかわらず、決して許されてはならない。

決して友人の父親は悪人などではない。でも、レイプされたらその幸運に感謝すべきだと言われて、当時の私はかなり混乱した。性別や男らしさについての歪んだ見方に基づいて、男女に異なるルールを押し付けるのは、子どもたちに非常に有害なメッセージを送っていることになる。特に男の子にとって。大人は子どもを守るべきだ。それなのに、社会が大人の女性教師と未成年の少年の関係を認めるというようなことを目にすれば、男の「有害なステレオタイプ」――「やれ」と言われたらすぐやるようにプログラムされた「歩くペニス」――を永続化させてしまうのだ。性的な征服はそのつど称賛されるべきであるという考えを少年たちに与えてしまう。たとえ彼が性犯罪の被害者であったり、それが虐待的な関係であったりしたとしても。そうして少年たちは、女性を自分のステータスを上げるためのトロフィーだと見なすような大人になる。自分の価値を、女性蔑視によって獲得した陳列台に並ぶトロフィーの数と同一視するようになるのだ。これは女性にとっても男性にとっても害でしかない。

私たちは親として、子どもに正しいメッセージを送る責任がある。特に男の子にセックスに関することを正しく伝え、彼らが境界について理解し、適切な性行動や自尊心について健全な考えがもてるようにしなくてはならない。親が、男性教師による女子生徒への性的虐待に正当に腹を立て、どんなことをしてでも娘たちを守ると誓う一方で、同じ親がレイプされた男子を「ラッキー」だと**称賛**すれば、それはとんでもない混乱したメッセージとなり、男の子に何年もの間ネガティブで有害な影響を与え続けるだろう。

少年たち、男性たち、そして社会は、もっともっとよくなれるはずだ。

ヒント 24

子どものためのソーシャルメディア・プランを立てる

遅かれ早かれ、あなたの子どももソーシャルメディアと関わりをもつようになるだろう。私自身も、毎日SNSを使い、そのおかげでいくつもの仕事のチャンスをもらったし、SNSなくしては出会えなかった世界中の人と素晴らしい友情を築くことができた。しかし、私の子ども時代にSNSが流行っていなくてよかったとも思っている。一九八〇年代から一九九〇年代にかけての子ども時代にしでかした、愚かでアホなことの数々が、もし今ならスマホで撮影されてユーチューブやツイッター、インスタグラム、フェイスブック、スナップチャットなどにリアルタイムで発信されていただろうと思うと、身の毛がよだつ。そして今、長男がインスタグラムにある程度アクセスできていることを考えると冷汗が出る。

まず、SNSやゲームのプラットフォームで起きるいじめは、まさに現実的な大問題なのだ。インターネットの素晴らしさの一つは世界と繋がれることだが、もし子どもがネット上でいじめられているとしたら、ネットの連結性によって「逃げ道がない」と感じてしまうだろう。私が子どもの時分には、学校のいじめは、少なくとも終業ベルが鳴れば止まったものだ。でも今は、SNSのプラットフォームやグループメールによっていじめは放課後も続くし、フォートナイトのようなゲームをしながらヘッドセットを通じていじめっ子たちが結託して、いじめが続くこともある。

　長男が二〇一八年に十歳になった時、Xboxを買い与え、インスタグラムのアカウントを作ることを許した。十一歳の時に彼は初めての携帯電話を手にした。私が父親になった二〇〇八年に、妻と私は、子どもには十代になるまでゲームも携帯電話も持たせないでいようと誓ったものだった。しかし、もしそうしていたら、発展し続けるコネクションの時代で、仲間うちでこうしたものを持たせてもらえない最後の一人になってしまっただろう。私たちは初めのルールを守り通すこともできたが、すでに子どもたちはXboxに群がり、インスタグラムのストーリーインスタグラムやスナップス〔旧スナップチャット。写真共有アプリ〕でコミュニケーションをとり始めていた。そうしたものが、長男の子ども時代の「公園」であり、最近の子どもたちのコミュニケーション方法なのだ。ウィルは外でも遊ぶし、友だちと近所を走り回ることもある。でもそのうち、みんなは家に帰って、今度はオンラインでおしゃべりを始める。私たちは、息子にオンラインゲームとSNSを許可することを選んだ。もちろん不安だったが、絶対的なルールも決めた。

　まず、彼のスマホは彼のものではない、親のものだということをはっきりさせた。彼に貸し出しているのだから、親はいつでも好きな時に点検できる。子どものメールを親が読むべきかどうかには様々な意見があるし、それが子どもとの信頼関係を損なうと言う親の考えも理解できる。それにも一理ある。しかし私には、時折子どものスマホをチェックする親として、何ら謝罪の気持ちも懸念もない。もちろん、子どもの許可を得てのことだ。ウィルは大体において責任感のある子どもだが、それでもまだ脳が発達段階にある十一歳なのだ。子どもに間違いから学ばせることは大賛成だが、テクノロジーに関しては、たった一度の出来事が永久に害を及ぼすような状況が起こり得る。

二〇〇九年に『ケープコッド・タイムズ』紙のジャーナリストとして働いていた時、ある事件に釘付けになった。テクノロジーが含む問題と、法律がテクノロジーの発展にいかに追いついていないかを思い知らされたその事件について、私は記名記事を書いた。二〇〇九年二月、十二歳から十四歳の六人の男の子が、法廷の下級判事の前に呼び出され、未成年である彼らに「児童ポルノ罪」が適用されるかどうかが審議された。[*42] 少年のうちの一人が、十三歳の女子クラスメイトのセミヌード写真を撮影して、テキストメッセージに添付して友人たちに転送したことが法律違反と見なされたのだ。マサチューセッツ州の法律条文によれば、子どもらの行為が、児童ポルノ頒布罪という重罪にあたる可能性があった。私はこの時、初めて**セクスティング**〔性的なメッセージや画像などをやりとりする行為〕という言葉を聞いた。この一件は、テレビ番組『インサイド・エディション』で取り上げられたり、雑誌『ピープル』に掲載されたりして、全国的な話題となった。一人の少年の父親はこの体験を本にまでしている。これは同じような年齢の子どもをもつこの地域の親たちにとって「目から鱗」の出来事だった。デジタルテクノロジーの時代に子どもたちが直面するかもしれない法律上の厄介な問題が、初めて表面化されたものだったから。未成年の少年たちが、自分が撮ったわけでもない未成年の少女の写真を、友だちに転送したことが、児童ポルノ頒布罪と見なされるかもしれないことに、多くの人は衝撃を受けた。

一人の少年の父親がスポークスマンとなった。しかし残念なことに、彼は自分の息子以外の全員を責めるという選択をしたため、この問題が悪化した。彼は息子の行為は間違っていたと認めはしたものの、息子に写真の少女に謝罪するよう指示することはなかった。[*43] 息子のスマホが警察に押収されても、すぐ新しいスマホを買い与えた。しかも父と息子は、この事件をきっかけに、ニューヨーク旅行まで楽しんだのだ。テレビ番組『インサイド・エディション』が、飛行機代、リムジンサービス、五つ星ホテル、六百七十五ドルの小遣いまで支払った。この父親とカリフォルニアのライターとの共著『セクスティングをした十代の父、ブライアン・ハントの物語』（*A Father's Sexting Teen: The Brian Hunt Story*）[*44] には、彼と息子がニューヨーク滞在中にタイムズスクエア、セントラルパーク、エリス島、自由の女神を訪れたことや、リキシャ〔三輪車〕に乗って観光したことまで詳しく記されている。さらに、本の中で彼は、メディアが問題を大げさに誇張したことや、学校が警察を巻き込んだことや、警察の行き過ぎた容疑追及などを非難しただけでなく、息子を「被害者」とさえ呼んでいるのだ。しまいには、著者は十三歳の少女さえもこう非難している。「この問題の発端は写真を撮った少年だ。少女の過失は、写真を撮らせたことだ。彼女は別に銃を突きつけられたわけではないのだから」。本の中で「純潔」という言葉が繰り返されている。最終章には十代の子どもたちが「神から授かった品位を減じ堕落させないように」禁欲が重要だと強調している。

要するに、一人の少年が少女の半裸写真を撮って、友だちに送り、その子たちがもっと多くの男子たちにその写真を送った結果、彼らの親がその少女に罪を被せようとしたというわけだ。彼女はただ写真を撮られただけなのに。被害者のせいにするのが、最近実に多く見られるようになったが、それも「有害な男らしさ」の一面だ。父親のおかげで、この少年は自分の起こした問題を他人のせいにすることしか学べなかったのだ。

その事件から十年の間に、ソーシャルメディアは我々の生活全体にますます行き渡り、それに伴って子どもへの危険も増加した。私が息子のスマホをチェックするのは、そのためだ。グーグルのファミリーリンクアプリを使って、いつでも彼のスマホをオンにしたりオフにしたりすることができるし、使用制限を設定したり、毎晩八時から朝七時の間は緊急電話以外には使えない設定にしたりすることもできる。それもまた子どもをリスクから守るためだ。さらに子どものスマホに、あるアプリを入れている。それは常時スキャンして、いじめ、酒や薬物使用、自傷行為などの言葉をチェックし、何か問題を察知すれば即刻親に知らせてくるアプリだ。子どもに与えたテクノロジーの安全のために、テクノロジーを使うことは役立つし、よいことでもあるが、本当に価値があるのは、こうした事柄について子どもと率直に話し合って、しっかり理解できる基礎を作ることだ。私はまだ十歳だった長男と、例の十代の子どもたちのセクスティング事件や、リアルライフやネット上のいじめがもたらす結果や、不適切な写真を撮ったりシェアしたりすることが与える予期せぬ影響などについて、しっかり話し合った。私は決して彼をだまして見張るようなことはしていない。子どもと座って一緒に彼のスマホを見ながら、不適切なことや問題になるようなことはないか、話し合うのだ。それって気まずい？　たしかに時には気まずいこともある。でも、そこから信頼を築いていくのだ。彼がルールをわきまえ、特に問題がないということを私に示してくれる限り、彼の自由範囲は少しずつ広がっていくのだ。

デジタル・フットプリントは簡単に追跡できるし、グーグルは私たちがネットでしていることのほぼすべてを知っている。したがって、子どもだけでなく私たち親も、自分のソーシャルメディアの使い方に留意しなくてはならない。またそれが将来子どもたちに与えるかもしれない影響についても認識すべきだ。これは私のような日常の出来事を投稿するブロガーにとっては特にやっかいな問題だ。子どもたちが幼い時には問題ではなかった。自分たちについてのあれこれの物語、たとえば眠れない夜、オムツの大爆発、幼児が歩いたりおしゃべりをしたり、といったことを投稿していたから。でも子どもたちが大きくなって、学校に行き、読み書きを習い、そのうちインターネットを発見するようになると話は違ってくる。ウィルが五歳の時に私がネットに上げたユーチューブ動画に、彼の友だちが初めてコメントを書き入れた時のことが忘れられない。その動画は、ウィルがインターネットに向かって、失くしたぬいぐるみを探してほしいと涙ながらに訴えている動画だった。この時、私は突然気づいたのだ。これは、もうすでに私の物語ではなく、息子の物語を私が語っているのだと。彼の物語は、すべて私が語っていいものではない。そこでSNSの使用について家族でルールを決めた。子どもたちが関わる何かを投稿する時は、事前に一人ひとりに了解を得ると約束した。たいてい彼らはオーケーしてくれたが、嫌だということもあった。それはそれでいいのだ。

ついやりすぎて、何度か責められたこともある。でも重要なのは、親が子どもと一緒に、自分たちの境界線を設定し、それについての率直なコミュニケーションを続けることだ。なぜなら、対話の維持が常に最優先であるべきだから。モニタリングのプログラムを使うにしても、ソーシャルメディアを拒否しようとすることでも、それについて子どもたちと話し合う計画を立てることがぜひとも必要なのだ。ネットいじめ、仲間外れ、他者の尊重、責任あるSNSの使い方などについて、話し合おう。それには、ヌード、セクスティング、ポルノなど不適切な画像や、それらがもたらすかもしれない思いもよらない法的な問題なども含まれる。そうした話し合いは簡単でも心地よいものでもないが、絶対、不可欠なのだ。

第4章

いまこそ議論に参加するとき

祖母は常々「人と政治や宗教の話をしてはいけないよ」と言っていた。でも祖母の時代にはトランプ前大統領の掲げた、クソみたいなスローガン"Make America Great Again"（アメリカを再び偉大に）も、「もう一つの事実」（つまり大ウソ！）も、ツイッターも、二十四時間ニュースもなかったし、真実より盲目的な忠誠心が選ばれるような狂ったご時世でもなかった。だから、おばあちゃん、ごめんね！　ぼくは、徹底的に反論するよ！　だって、子どもの前で、いや、子どもたちとも、そういう話を避けることがもう不可能な時代になったのだから。そんな話をしないのは近視眼的だし、むしろ無責任なんだ！

人種差別、女性蔑視、偏見に根ざした憎悪、支配的な男（アルファメール）といったナンセンスは、いつだってアメリカ文化の中にあった。だから、こうした社会の病巣がドナルド・トランプの台頭によって始まったと言うつもりはない。でも私がひとかけらの迷いもためらいもなく言いたいのは、二〇一六年にトランプが大統領になって以来、こうした信念システムが正当化され、奨励すらされるようになったということなんだ。トランプ前大統領のせいで、馬鹿男たちは、有害な毒を公然とまき散らしてもいいのだと思うようになり、それがあっという間にノーマルなことになってしまった。トランプは、白人国粋主義者たちが地下から這い出て主流派になる道を開き、トランプのような「女性器をわしづかみにする」卑猥な行為を横行させ、ＬＧＢＴＱ＋運動を逆行させた。さらに彼は、自己中心的な独裁主義を流行らせると同時に、我々が抱いていた優れた指導者像——豊富な経験と教育と落ち着いたふるまいの指導者——をも中傷したのだ。まるで、最低の記事の最悪のコメント欄を大統領として選んだようなものだ。どの親族にもいる酒癖の悪い人種差別主義のオヤジたちを、ひとまとめにして大統領執務室に送り込んでしまったようなものだ。最低で最もつまらない傾向に屈したことで、私たちは国家としてどれほどの年月を逆行してしまったのだろうか。しかも子どもたちの見ている前で、そんなことを許してしまったのだ。

忘れてはならない。子どもたちは大人を見てスポンジのように吸収するということを。トランプ前大統領のせいだけでもない。急進左派の民主主義者たちが女性を大統領にしようと担ぎ出したのにもかかわらず、ヒラリー・クリントン大統領候補を「Shrill（耳障りな甲高い声）」と渾名《あだな》し、ヒラリー・クリントン以外の女性大統領候補でも、当選は難しいだろうと主張したことは、信じられないほど苛立たしく、まさに偽善的だ。今や、すべてが以前より分断されているように**感じる**のは、政治だけでなく、社会における我々の価値観までもが問題になっているからなのだ。

ドナルド・トランプが大統領だった危機的な時期に幼い子どもを育てていた親は、さらに用心すべきだ。子どもたちと率直に政治について話し合わなくてはならない。南米からの移民問題もそんな単純な問題ではない。非合法移民の家族を引き離し、彼らの子どもたちを檻に閉じ込めてもいいのか、と問うべき問題なのだ。最高裁判事をどの大統領が任命したかだけが問題ではない。女性が文字通り自分自身の生殖に関する決定ができるかどうかという問題なのだ。環境政策に賛成か反対かだけではない。現世代の我々人類が、地球の持続可能性を左右する気候変動の転換点に立たされていることを認識できるかどうかの問題なのだ。今日の若い世代が、こうした環境問題の扱われ方に特別な関心を示していることは言うまでもない。それが顕著なのが、スウェーデンの気候変動アクティビストのグレタ・トゥーンベリだ。彼女の率直な物言いを当時のトランプ大統領が何度も揶揄したものだ。さらに見過ごせないのは、（トランプ政権時代に）トランスジェンダーの兵士は軍隊にふさわしくないと見なされるようになったことや、いくつかの州ではＬＧＢＴＱ＋の人々に宗教上の自由による差別からの保護が適用されなくなったことだ〔二〇二一年よりトランスジェンダーの人々が再びアメリカ軍に受け入れられるようになった。しかし宗教上の自由によってＬＧＢＴＱ＋の人々への差別、保護が受けられない状況は現在も続いており、増加傾向にさえある〕。要するに、政治や、論議を呼ぶようなテーマについて話したくないと言う親は、私たちすべてにインパクトを与えている事柄について話したくないと言っているのと同じだ。こうした問題は社会のみならず子どもたちにも非常に重要な、黙っていてはいけない問題なのだ。

私がＳＮＳやウェブサイト上で最も多く受ける苦言は、「お前の政治についてではなく、子育ての投稿をフォローしているんだから、父親業のことだけを書けばいいんだ」というものだろう。しかし、それもまるでナンセンスだ。政治と子育てを分けることはできない。なぜなら私たちが社会で行うすべてのことに政治が影響を与えているから。我々が守るべき法律、我々が従わなくてはならない政策、そのどれもが子育てから切り離せないのだ。

さあ本題に入ろう。アメリカ社会で最重要で最も悲痛な問題だとされている、銃文化と銃乱射事件について考えていこう。

ヒント 25

男の子が銃文化の犠牲者にならないために

この章を書いている間に、なんと三件も銃乱射事件が起きた。**三件もだ！** 加害者は全員、男。男と銃乱射事件の関連について、もう見て見ぬふりはできない。男の怒り、拒絶への対応不能、社会の求める「男らしさ」に応えられないことなどが、暴力的な死を招いていると親は認識すべきだ。

「すごく腹が立ったからだ[*45]」

これは二〇一九年七月にカリフォルニア州ギルロイ市のガーリック祭りで銃乱射事件を起こした十九歳のサンティノ・ウィリアム・レガンが言った言葉だ。彼が銃を乱射していた、まさにその時、その場にいた人から、「なぜ銃なんか乱射しているのか？」と聞かれて、こう答えたのだ。この事件によって六歳の少年を含む三人が命を落とした。ニュース報道によれば、事件を起こす直前にAK-47型の武器を（カリフォルニアより銃規制法が緩い隣のネバダ州で）購入し、女性やマイノリティを標的にしたネオナチの声明をインスタグラムに投稿し、柵を越えてガーリック祭りの会場に忍び込み、警官に射殺されるまで、人々に向けて銃を乱射したのだ。複数のニュース報道によれば、警官の到着前に、その場にいた目撃者が「なぜそんなことをするんだ？」と犯人レガンに向かって叫んだところ、レガンはぞっとするほど恐ろしい、しかし、あまりにもありふれた前述の答えを発したという。

この章を書いたのは、まさにその悲劇が起きた二〇一九年七月で、書きながら私はひどく苦しんでいた。あらゆる統計が、すでに私たちが知っていることを示していた。銃乱射事件の圧倒的多数は男性によるものなのだ。犯人のほとんどが白人男性で、その多くが憤りを抱えていた。マイノリティの人々に、社会や自分のものを乗っ取られると思い込み（エルパソのウォルマート・スーパーマーケットの乱射事件）、自分に関心を示さない女性に腹を立て、自分と寝ることを拒む女性に対して怒っていた（タラハシーのヨガスタジオの銃撃事件）。ただ……腹が立っていたから、と言うのだ。そんな統計を一日中述べ連ねることはできるが、私が正しく伝えようと苦悩していたのは、アメリカの歪んだ銃文化と銃による暴力が、いかに男性の問題であり、それがどれほど「有害な男らしさ」や、男性が世の中で自分自身をどう見ているかに、直接結びついているかということなのだ。うまく言い表せるまで、二十回も書き始めては削除したものだ。そんな時に起きたのがサンティノ・ウィリアム・レガンの怒れる白人男の事件だった。

銃撃事件に共通する原因を、多くの人は即座に精神疾患に結びつけようとする。しかし、テキサス大学の二〇一九年二月の調査によれば「一般的な意見に反して、精神疾患のある人が必ずしも銃による暴力を起こしやすいとは限らないし」、「銃による暴力の指標となるのは、むしろ銃器へのアクセスである」[*46]のだ。しかしながら、銃暴力（と暴力犯罪一般）の分析から否定できないのは、ほとんどの加害者が男性だということだ。二〇一四年のＦＢＩの報告書「二〇〇〇年から二〇一三年のアメリカ合衆国における銃撃事件の調査」では、百六十件の事件のうち、女性が起こしたのはわずか六件だった。[*47]すなわち、こうした銃撃事件の九六パーセント以上は男性が引き金を引いて起こしたものだということになる。男性による銃暴力がいかに大きな問題かということだ。

しかし、この世代の男性が他者や自分を殺していることについて進んで話そうとする人はあまりいないだろう。すべてを精神疾患のせいにするほうがずっとたやすいのだ。「有害な男らしさ」の文化が少年たちを、冷酷でロボットのように感情のない、対処能力すらまるで持ち合わせない男にしてしまっていることを認識しようとしないのだ。おそらくそれが、ハーバード大学T・H・チャン公共衛生学部の報告にあるように、女性と比べて男性のほうが四倍も自殺をする率が高い理由なのだろう。[*48]さらに、米国自殺予防財団によれば、二〇一七年の自殺の五一パーセント近くが銃器によるものだという。[*49]なにより不条理なのは、その答えを我々がすでに知っている、ということだ。

親は、何があっても男の子はタフであれと教えて育てる。泣くのは許されない。男の子が感情を率直に表すと笑われたりからかわれたりもするだろう。「強くなれ」「黙っていろ」「決して助けを求めてはいけない」と教えられる。なぜなら「ホンモノの男」は自分で問題を解決できるから。スポーツや仕事や交際や、人生一般においても、支配的でアグレッシブであれと教えられる。そんなふうに、男の子の完全な人間としての発育を阻害し、感情的知性を表す力をはく奪してしまった後、我々はいったいどうするのか？　そう、武器を与えるのだ。

　我々は超マッチョな男ロボットを作り、女性蔑視に染まり、人種差別をかきたてる毒の中で育てている。彼らが周囲の環境を理解したり、それに対処したりする道具などは、まったく与えない。そうするうちに、男の子たちはいわゆる「支配的な男」の立ち居ふるまいをするようになり、いじめられた男子はいじめっ子へと変わっていく。そしてある時点で、彼らに、現在出回っている三億丁の銃の一つが手渡されるのだ。銃の所有者であることを男らしさの真ん中に据えれば、混乱と怒りでとんでもないことになっている男たちが、突然、合法的に殺人マシーンを所有することになる。彼らは大急ぎでレディット〔reddit 掲示板投稿型ソーシャルサイト〕や匿名掲示板8chanといったサイトで極右の信念を議論し合い、自分の人生でうまく行かないすべてのことを女性とマイノリティの人たちのせいにするというわけだ。そして育つ過程にため込んだ暴力と怒りのすべてが、ついに表面化する時、健全な対処法の見当すらつかない男たちは、いともたやすく銃をつかみ、二つの選択肢、他殺か自死か、のどちらかに走ってしまう。そのどちらも決してよい選択ではない。

　さらに事態を悪化させているのは、銃や銃撃事件、そしてすべての暴力の原因が、事件が起きた**後になって**語られていることだ。答えは前から分かっていたのに。男たちが自爆して自分や他者を傷つけた時、私たちは社会として何をすればいいのだろうか？　混乱したふりをして両手を上げ、天に向かって「なぜこんなことが起きたのか？」「こんなことをした理由は何なのか？」と叫べばいいのか？　答えは、ほぼ分かっているはず。こんなことが起こるのは、男の子の有害な育て方に起因する様々な出来事と要因が複合的に絡み合い、それにアメリカの恥ずかしいほど容易な銃へのアクセスが加わるからだ。女性による銃犯罪が少ないのも理解できる。これは男たちを感情的に閉じ込め、「有害な男らしさ」、女性蔑視、白人至上主義を電子レンジの中で一緒くたに爆発させるようなものだ。そんな中で男の子を育てるという最悪の方法が招いた必然的な結末なのだ。

「そんなのデタラメだ！　精神疾患のせいだ！」と言う人や、銃暴力が暴力的なビデオゲームのせいだと言う人に私はまったく賛同できない。世界中の国に精神疾患で苦しむ人はいるし、どんな国の子どもも、グランドセフトオートなどのビデオゲームをしている。それに、精神疾患は男女両方に起こり得る。それなのに、アメリカのようにショッピングモールやスーパーマーケットや音楽祭で驚くほど頻繁に銃乱射事件が起きているわけではない。なぜなのか、それにはいくつかの理由があるだろう。まずアメリカに流通している無秩序な数の銃器。銃を購入する際のバックグラウンド・チェックが恥ずかしいほど緩い州があまりにも多いこと。そして、この国の独特でいびつな銃文化と「男らしさ」の定義だ。精神異常のブギーマン〔怪物〕に罪をなすりつけるほうが簡単かもしれないが、それは、男らしさと銃の所有との複雑に絡み合った本当の問題から目を背けることに他ならない。

銃の製造会社は、「男らしさ」の問題など認識していないし、それを積極的に利用してもいないなんて思ったら大間違いだ。コネチカット州ニュータウンのサンディ・フック小学校で起きた銃乱射事件の二年前から、ある銃製造会社が男性をターゲットに展開した広告についてお話ししよう。

ブッシュマスター・ファイヤーアームズ社が二〇一〇年に展開し始めた広告キャンペーンは、私にとって、最も有害で危険で無責任なマーケティングの王者として永遠に忘れられないものとなった。その年、ブッシュマスター社はわずか五ワード「きみの男カードを再発行しようじゃないか」（Consider Your Man Card Reissued）のコピーを使ってＡＲ-15ライフルの広告を流し始めた。[*50] その意図は非常に明白だった。「きみがホンモノの男なら銃を所有しているはずだ（そして、ホンモノの男かそうでないかは、『男カード』を持っているかによってすぐに見分けがつく）」というものだ。もし銃を持っていなければ、「女々しいきみは、残念ながらベンチ送りだ」というわけ。自分を男らしいと感じるためには、三十発の弾丸を連射できる武器が必要だとほのめかしても、そのどこが悪いんだ？

おっと、それだけではない。

ブッシュマスター社はさらに一歩踏み込んで、「男カード・オンライン」プロモーションを立ち上げた。これは、複雑でメンサ〔高いＩＱの持ち主〕レベルの質問をいくつも問いかけるオンラインクイズで、男らしさを測るためのもの。最後に回答者に、誉れ高い「男カード」を手にする価値が本当にあるかどうかを判定するものだ。当初それは「男テスト」と呼ばれていて、こんなコピーがつけられていた。「さあ、ゲームの時間だよ！　次のシンプルな『男度テスト』で、きみが男の誇りを取り戻せるかどうかが決まるんだ。きみの魂を探しに行こう。正直に答えて、真実に運命を決めてもらおう」。このテストを受けた男たちは、ブッシュマスター社がふざけているなんて、初めから思ってやしない。だって、「男の誇り」がかかっているのだから。

さて、どんな質問だったかと言うと……「豆腐は肉の代わりとして認められるか？」冗談じゃない！　誤解しないでほしい。私だって豆腐は苦手だけど、豆腐を食べなくても私の脆弱な男としてのエゴが削り取られたりしないし、男の誇りにふさわしい男になれないわけでも決してない。しかし、この質問にイエスと答えた男は救いがたい！　真の男は、血の滴るレアステーキの代わりに体によい健康的な代替肉を食べているところを、うっかりだれかに目撃されたりはしない、というわけだ（と言うものの、私にとっても豆腐の味は悲惨だけど……）。

次は選択問題だ。「きみがプロスポーツのチャンピオンシップ・ゲームに行く道で、ライバルチームのファンを満載した車が、きみのレーンに急に割り込んできた。きみはどうする？」選択肢は、「A：座席に沈み込んで音楽を変えて、同乗している男友だちが気づかなかったことを願う」「B：応援しているチームの応援ソングを大声で楽しそうに歌い始める」「C：ゲームには行かず、駐車場でそいつらの車を見つけて、靴墨と食べ残しのゴミで車が見分けられないほどめちゃくちゃにしてやる」「D：そいつらの無礼な行為を忘れることにする。きみの応援チームの旗が車の窓に掲げられていたにもかかわらず、ただの間違いだったのだろうと思うことにする」。

さて、この質問にはいくつもの問題点がある。まず、お祭しのように、高速道路で無理やり割り込まれるような、忘れられないほど不愉快な出来事を無視して音楽などで心を静めたり、侮辱を甘んじて受けたりするのでは、当分「男の誇り」は得られないだろう。絶対にムリだ！　応援ソングを歌う、特に楽しそうな声で――これは女みたいだから受け入れられない――これもダメ。「男カード」レベルの解決策は明らかにただ一つ。器物損壊をして、ろくでなしに仕返しをするのだ。

忘れてならないのは、これが銃器製造会社の広告だということ。そして彼らのゴールは、できるだけ多くの場所で、できるだけ多くの人に、できるだけ多くの銃を所有させることだということ。さらに言えばあおり運転や無理な割り込みは、非常に危険で現実的な問題で、銃が関わればさらに危険度が増すことは、もちろんブッシュマスター社の善良なる経営者たちもご存じであろう。それなのに、高速道路で割り込まれただけで、この銃器会社は、銃を持っているかもしれない相手に挑む危険を冒すのがホンモノの男だと言っているのだ。クソとしか言いようがない！　ムカつくし、あらゆる点で不快だ。しかも、男性に犯罪を起こさせようと挑発しているのも、非常に無責任だと言える。

後に続く質問については、もう見当がついているだろう。「きみの心に光を灯してくれるのは何か？」そしてその選択肢は、「かわいい子ネコちゃん」「AR-15ライフル」「ステキな願掛けキャンドル」。（当然のことながらネコを選ぶわけにはいかない。キャンドルについてはちょっと考えさせられる。炎は悪しき男らしさの象徴でもあるから。でもキャンドルを選ぶなんてまずあり得ないだろう！　するとここで選ぶ答えは明白。銃をぶっぱなした時の銃口の閃光ほど、男の心に内なる光を灯してくれるものはないはず！）さて次の問題だ。「ハイウェイでパンクした。さあ、ジャッキとスペアタイヤはどこ?」この質問は「きみには睾丸があるのか?」に置き換えてもいい。だってジャッキとスペアタイヤの場所がわからなければ、きみは男らしい男とは言えないから（白状すると、私は車のことはまるで分からない。妻との初デートの時、屈辱的な思いをした。彼女の弟のジープのエンジンがかからなくなった時に、妻が問題なくスタートさせたんだ。私はパニくって、いい印象を与えようとして「きっとエンジンのロテータースプリントのせいだよ」と間違った診断をしてしまった。でも、今はもう、車の修理に男らしさが求められるあの「有害な男らしさ」による不必要な恥辱感や罪悪感からすっかり自分を解き放つことができている。車のことなんて何にも分からなくても、何の問題もないさ。だって妻が分かっているからね！）。

　さてさて、「ブッシュマスター社の男度テスト」に「合格」したら、「きみは男としても名誉を回復した」となるわけだ（ところで、ウェブサイトではprivileges〔名誉〕という言葉のスペルが間違っている！　だって、しょせんスペリングなんかを気にするのは、AR-15の複雑さも理解できない弱虫だけさ！）「さあ、証明するんだ！　きみの「男カード」をプリントしたり、だれかに送って見せたり、投稿したりしようじゃないか！」要するに、「男カード」を取り出してみんなに見せなくては、ホンモノの男と言えないというわけか?　この毒の盛られたサンデーのてっぺんに、さらにサクランボをのせて飾り立てたい人のために、この会社では、なんと他者の「男カード」をはく奪することも、きみに許している。確固とした顧客レビューと科学的理論に基づいて作られたブッシュマスター社の「男度テスト」が間違っているなんて、あり得ない？　でも、万が一のために、他者の男らしさが疑われる場合の、情報提供の方法も用意されている！「彼のどこが問題なのか？」という質問では「いくじなし」「かわい子ちゃんぶっている」「尻に敷かれている」「腰抜け」「単に男らしくない」から当てはまるものを選ぶことができる。次に、なぜその男にはく奪通告を出すべきだと思うかを具体的に書き込む欄が続く。たとえば、「男友だちと飲みに行って、サワーアップル・マティーニなんか頼んだから」「定期的にピラティスに通っているから」「ハンドバッグに入るほどの小型犬を飼っているから」「八ドル以上のヘアカットをしているから」「赤身肉を食べることを非難し、地球上のほぼすべてのものを大豆ベースに置き換えることを推奨しているから」「『意地悪な人』に抗議するようなバンパーステッカーを車に貼っているから」「強そうな五年生の子どもと目を合わせようとしないから」「恥ずかしげもなく大麻繊維で作られた服を着ているから」といった具合。

私は、ブッシュマスター社の「男度テスト」こそが、一見無害だとしても、明らかにジェンダー・ステレオタイプを永続させる「冗談」と、銃文化とそれが作り出す暴力の現実とを結びつけているものだと思う。「たかが広告キャンペーンじゃないか」と言う人もいるかもしれないが、すでにそれを超えてしまっている。この広告は、男であることがもたらす怒りと暴力を兵器として利用し、男性を辱めることによって「もっと男らしく」なるために銃を買わせる目的だけで使っているのだ。そこで犠牲になるのは女性だ。「男度テスト」において、「女性らしさ」や女性的な行動が何をおいても避けるべき悪いことだとされているだけでなく、長年、男性による銃暴力（と家庭内暴力一般）の標的となってきたのが女性だからだ。

雑誌『マザー・ジョーンズ』の二〇一九年五月／六月号「犯罪と正義」特集に掲載された「武装と女性嫌悪――有害な男らしさが銃乱射事件をどのように引き起こすか」というタイトルの記事で、著者マーク・フォールマンは、二〇一一年以降の銃乱射事件を分析して次のように述べている。「多くの加害者に女性嫌悪と家庭内暴力の著しいパターンが見られた」、そして「有害な男らしさと公共の場における銃乱射事件に、強い重複が見られる」ことが分かったと。さらに「事件の記録、メディア報道、メンタルヘルスと法律の専門家へのインタビューに基づいて、私たちは二〇一一年以後の銃乱射事件の少なくとも二十二件の加害者に、特に女性に対する家庭内暴力や、女性へのストーキングや嫌がらせの前歴があったことが分かった。これは過去八年間に起きた公共の場での暴力事件の三分の一以上にも上る。こうした銃乱射事件の中には、二〇一六年のフロリダ州オーランドのナイトクラブと、二〇一七年のテキサス州サザーランド・スプリングスの教会での大量殺人が含まれている。合計で百七十五人が殺害され、百五十八人が負傷している。銃乱射事件の犯人のうちの二人には「インセル」の兆しが見られるが、これは自らを「不本意な禁欲主義者」と呼ぶ悪意に満ちた女性嫌悪のサブカルチャーで、ネット上に女性に対する怒りや、仕返し妄想を投稿している。ユタ州で銃乱射事件を企てた男も、テキサス州ダラスの法廷の外で銃を発砲した男も、インセルの考えから影響を受けていると見られる」[*51]

初めにはっきり言っておこう。こんなことはどれも、男性が女性をターゲットにして殺害する言い訳などにはならない。こうした事件を防ぐ方法を知るために、事件に繋がる社会的要因について考えることが不可欠だと言いたいのだ。調査によって多くの例から、特定の女性嫌悪や、怒りや、偏見をもつ有害な男が銃撃事件の犯人になったことが示されている。さらに、彼らは怒りに満ちた声明文を残していることがよくあり、冷血な殺人を犯す前に、多くの兆候を見せることもある。彼らは、自分の怒りに対処できなかったり、あるいは、自分が男らしさの理想と決して見なされることのない世界で、命を奪うことが本当に力を感じられる唯一の方法だと思い込んだりしていた。そもそも「男らしさの理想」とは私たちをだます偽りの文化構成概念であることから、これは悲しいほど皮肉なことだと言える。

インセルが殺人に至った事件として悪名高いのは、エリオット・ロジャーの事件だ。二〇一四年五月に、ロジャーはカリフォルニア大学サンタバーバラ校のキャンパスで六人を殺害し、十四人にケガを負わせた後、銃を自分に向けた。ロジャーは自らをインセルと称し、百三十七ページにもわたる声明文と、自分を拒絶したすべての女性に仕返しをしようという動画をユーチューブに上げていた(しかし彼は、その女性たちのほとんどと言葉を交わしたことすらなかったのだ)。ロジャーは子どもの頃いじめを受けていて、自分が受け入れられるためには富を得ることしかないと信じていた。彼は幸せそうなカップルを嫌悪するようになり、社交がうまくて、彼の切望する

「セクシーなブロンド」からも注目される青年たちをひどく嫌っていた。感情の対処法をまるで知らなかったロジャーは、ただ引きこもり、学校も休んで、現実に向き合うことなく、ワールド・オブ・ウォークラフト・ゲームに何週間もおぼれていた。彼は、男を男たらしめている二つのこと、セックスと金は自分には得られないと思っていたのだ。女性の関心を引くことができないと富を追いかけた。ある日突然、大金持ちになれば女性が押し寄せてくると信じて、ロットに何千ドルもつぎ込んだが、ロットがはずれる度に、うつ状態と毒の中に急降下していった。そしてある日ついに、大学の女子寮に押し入ろうとして失敗し、寮の外の女性たちに向かって発砲した。彼は声明文の中で、ねじ曲がった銃撃の根拠や、女性に抱く憎しみや、伝統的な男らしさに適合しないつらさなどを喚き散らしていた。自分が得られなかったすべてを破壊しようと決心したのだ。[*52]

こんな気持ちを抱いたのは、決してこの男だけではなかった。

二〇一五年十月に、クリス・ハーパー＝マーサーは、オレゴン州のアンクア地域短期大学で九人を殺害し、八人にケガを負わせた挙句、自害した。現場に残された警察にあてた声明文によれば、彼はロジャーのようなインセルの銃撃者たちを尊敬しているが、殺し方が足りないと批判もしていた。ロジャーと同じように、自分も生きる目的のない負け犬で、「男らしい」と思うような成功を手に入れることもできなかった。「俺の全人生は孤独だった。次々に失っていった。そして二十六歳の今、友人も仕事もガールフレンドもない童貞さ」。声明文にはこう綴られていた。[*53]

二〇一八年十一月にヨガスタジオで二人の女性を殺害し、四人にケガを負わせたスコット・バイアラも、ユーチューブ動画の中でロジャーについて述べていた。退役軍人のバイアラもインセル・コミュニティの正式な一員で、臨時教員でもあったが、女子生徒に「くすぐったいか？」と尋ねながらブラジャーのすぐ下を触ったかどで、ある学校から解雇されていた。複数の女性の臀部をつかんで逮捕されたこともあった。彼もまた皮肉なことに、女性への激しい憎しみを繰り返し述べていたが、次の瞬間にはガールフレンドがいないことを嘆いていた。*54 同じように二〇一七年十二月には、ウィリアム・アチソンがニューメキシコ州のアステク高校で二人を射殺し、自害した。彼は以前この高校の生徒だった。彼はいくつかのネットのフォーラムで「エリオット・ロジャー」や「アダム・ランザ（コネチカット州ニュータウンの銃撃犯）」といったハンドルネームを使って、コロンバイン高校銃乱射事件を褒め称え、ロジャーやインセル・コミュニティを称賛していたのだ。*55 フロリダ州パークランドのストーンマン・ダグラス高校で十七人を殺害したニコラス・クルーズも「エリオット・ロジャーは決して忘れ去られることはない*56」とネットに投稿していた。

現代社会は男性（特に白人男性）が繁栄するように作られている。そのシステムを作ったのが彼らだからだ。男性は宇宙の王となり、年間五十万ドルを稼ぎ、女にことかかないというわけだ。少年たちが、社会から何を求められているかを知り、その非現実的な基準を満たそうと苦労し始めても、その基準に達することができなければショックを受ける。何ら驚くことではない。男たちは「感情的に孤立」し、決して助けを求めず、どんなことがあっても強くなければならないと思わされている。だから孤独感や黒い感情を乗り越えて、健全な対処法を身につけることができないのだ。そして、脆い「男のエゴ」がおびやかされるような失敗に直面した時、彼らは自分が知っている、そしてこれまで教えられてきた唯一のこと、すなわち激しい怒りに頼るのだ。怒りは暴力へと形を変える。

この章を書く少し前のこと、長男が女の子と初めてデートをした。しかしうまくいかず、小学六年生にありがちなように、交際が始まる前に終わってしまった。彼は振られてしまったのだ。そこで私は息子の気持ちを確認し、健全な感情の対処法を教えようとした。カップルが別れるにはいろいろな理由があるし、つらくても、それもまた人生の一部なのだと話した。それに、彼自身も将来、相手に別れを告げなくてはならない時があるかもしれないこと、そういう時にも（過去に彼を振った人がそうしてくれなかったとしても）、相手を尊重しなくてはならないと伝えた。また、彼女を取り戻したいと思っても、彼女の決断を尊重しなくてはならないこと、ＳＮＳや実生活でストーキングなどしないこと、境界線を守るべきだということも話した。どれも常識的でシンプルな話に思えるかもしれない。でも実際にこのような話を息子としている親がいったいどれほどいるだろうか？　おそらく驚くほど少ないだろう。重要なコミュニケーションが欠落していると、彼らが大人になって、それが社会に反映されてしまう。

私は、責任ある銃所持に反対しているわけではないし、すべての銃を禁じるべきだとも思っていない。ハンティングをする友人に銃射撃場に連れて行ってもらった時、楽しいとも思った。全米ライフル協会のような団体は、銃規制の問題を憲法修正第二条〔武器を保有し携帯する権利〕の論争にしたがっているが、ここで話していることは、それとは別の問題だ。それを親たちに知ってほしい。拒絶への健全な対処法を男の子に教えよう！　内省について話し合い、自分の苦難のすべてを女性のせいにしないよう教えてほしい。男性に関する社会規範は、実体のないつまらないものであると教えて、より健全な方向へと彼らを導いてほしい。

もし男の子にカウンセリングが必要だと感じたら、ぜひ受けさせよう。怒りを抱えたままでは、拒絶に対処できないまま、怒れる大人になってしまう。しかし、そんな人でも、銃を所有する法的条件は満たせるのだ。銃暴力と闘う最も効果的な方法は、親が早くから息子たちと対話を始めることだ。銃乱射事件の犯人をほぼ全員男性にしてしまうような、凝り固まった「有害な男らしさ」の制約から逃れられるように、男の子たちを助けることだ。乱射事件の統計は偶然のものでもないし、これ以上無視できるものでもないのだから。

ヒント26

政治について子どもと議論する

身長や髪や目の色が遺伝で決まるように、少なくともまだ子どもが幼いうちには、親の政治についての考え方が子どもへと受け継がれる可能性がとても高い。子どもはスポンジのように吸収する。子どもにとって親はヒーローだから、親の信じることを子どもも信じるようになり、家の外や学校で親の意見を真似て語るようになる。小さな子どもが、実際はまるで理解できていない手に負えないほど大きな意見を、校庭で大声で叫ぶかもしれないのだ。こんな予期せぬ影響があることを、親は知っておくべきだ。親だけでなく、私たち全員がそれによって衝撃を受けるのは一〇〇パーセント確実だ。それに気づいたら、そうならないよう行動しようではないか。

一つ例をお話ししよう。二〇一六年、長男ウィルが七歳で小学二年生の時にアメリカ大統領選が最高潮に達した。トランプは出馬表明として、一部のメキシコ人をレイプ犯呼ばわりし、メキシコとの国境に壁を作り、まるで魔法のようにその費用はメキシコに払わせると約束した。これが移民への激しい誹謗中傷の繰り返しの始まりとなった。そんなある日、学校から帰ってきたウィルが、私たち夫婦を打ちのめすようなことを言った。「ねえママ、パパ、トランプさんや国境の壁や、それを越えてやってくる人たちの話をしてくれたよね。ぼくはね、その人たちが列に並んでアメリカに来る許可をもらうのならいいと思うよ。でも、こっそり入ってきた人はトランプさんが銃で撃って、ぼくたちを守らなくちゃいけないんだよね？」妻と私は仰天した。私たちの恐怖に満ちた表情におびえたウィルは、動転し、慌てて言い直した。「いい人を銃で撃つんじゃないよ。こっそり入ってくる人たちだけだよ。だって彼らはテロリストだから」

私たち夫婦はウィルに、移民の人々のほとんどは働き者でアメリカでよりよい生活をしたいと願ってやってくるのだと教えてきた。けれどウィルは、「不法にアメリカの国境を越えてくる人はテロリストだからアメリカを守るために銃で撃たなくてはならない」という考えをテレビや友だちから吸収してしまったのだ。どうしてウィルは百八十度変わってしまったのか？　それはクラスの二人の生徒――そう、幼い**小学二年生の**子どもたち――がその通りの言葉をウィルに告げたからだった。なぜって？　その子たちは、父親がそう言うのを聞いたからだ。

私たちは、ひどく動転し混乱しているウィルを（再び）座らせて話をした。移民はテロリストではないこと、彼らは銃で撃たれるべきではないこと、それを理解するのがどれほど大切かと話した。この出来事は、子どもと子育てと政治についていくつかの重要なことを教えてくれた、私にとって目が覚めるような経験となった。まず、子どもというのは親が言ったことを何でも聞き入れて、自分に最も分かりやすい形で使うということ。次に、よい子育てに費やした多大な時間など、クラスメイトや友人によって恐ろしいほどあっという間に、覆されてしまうということ。そして最後に、親が子どもに言ったことは、たとえプライベートな家庭の中であったとしても、家の外の聴衆へと伝わってしまうということ。たとえあなたが国境の壁を支持する外国人嫌いであっても、外でそれを言わなければ構わないかもしれない。しかしそれを子どもの前で言えば、あなたの考えが何らかの方法で世界に伝わってしまうと認識すべきだ。それって、ものすごい責任だと思わないか？　親として、みんなにもっと考えてほしい。

さらに言わせてもらえば、私は、憎しみに満ちた考えをもつ親の子どもと、自分の子どもが遊ぶのを禁じているが、その決断を恥ずかしいとは思っていない。子育てのオンラインコミュニティでも、これは非常に切実な問題で、私こそが政治観によって差別していると批判する人も多いのだ。しかし、忘れてならないのは、今は普通の時代ではないということ。ただ単に政治や政策に対する考えが異なるだけではないのだ。以前の共和党の大統領候補だったジョン・マケインやミット・ロムニーには、賛同できないことが非常に多くあったが、それでも、もし彼らが大統領に当選していたとしても、私はアメリカという国の状態を案じたり、社会がバラバラにならないかと常に心配したりすることはなかっただろう。非白人のアメリカ市民や下院議員に「アフリカに帰れ！」と言うトランプ前大統領の投稿を見るのが嫌で、ヒヤヒヤしながらツイッターを開くというようなこともなかっただろう。しかも、トランプにへつらい、盲目的に支持する自称「愛国者」たちが歓声を上げ、「彼女を閉じ込めろ！」「彼女を送り帰せ！」などと叫んだのだ。ただ単に私と政治観が異なる親の子どもと、私の子どもが遊ぶのを阻止しようというのではない。しかし我々が今、まさに未知の領域にいることは事実だ。そして私には、息子たちを健全で安全な環境で育てる責任がある。憎しみではなく愛情に満ちた環境で。価値観はとても重要なものだから、現在のアメリカ社会の危険で不健全な有毒性に、あえて男の子たちをさらしてはならない。「お前のしていることは、息子たちにリベラル思想を吹き込んで洗脳しているだけではないか？」と言う人もいるだろう。いずれにせよ、私の子どもたちは私の政治的な見解をきっと受け継ぐことになるだろう。しかし彼らが成長して社会と向き合うようになれば、いつでも自分の意見を決められる。今私にとって重要なのは、人を尊重して、支えることのできる、共感力のある子どもを育てることなのだ。私にとってそれは、同性婚の権利を全面的にサポートしたり、トランスジェンダーの人たちの権利を熱心に支持したりすることを息子たちに教えることを意味する。メキシコとの国境を開放することは解決にはならないが、移民がアメリカ市民権を得たり、人間らしい扱いを受けられる社会を実現するためには、移民の家族を離散させ子どもを檻に閉じ込めるようなことはあってはならないと〔トランプ政権による移民の拘束、親子分離政策を指す〕、子どもたちに教えることだ。男女同一賃金のために声を上げ、常識的な銃規制を支持するよう教えることだ。息子たちが「同意」について、女性自身が性と生殖に関する健康について決める自律性をもつべきという、実にシンプルなコンセプトを理解できるようになれば、彼らを共感力のある社会の一員に育てることになるだろう。そしてうちの子たちのような子どもが、あの小学二年生のウィルのクラスメイトたちから影響を受けるのではなく、逆に彼らに影響を与えられるよう願っている。

言うまでもなく、こうした「政治的」な議論は、人々の真髄や自認についての核心をついている。たとえば、ジェンダー代名詞を正しく使うことが、政治的にもデリケートな問題となっているが、そんなことは何でもないようなふりをする人は、考えを変えるべきだ。私たちは今、人間のセクシュアリティが流動的なものだと知っている。子どもたちは he/him, she/her（彼や彼女を超えた様々な自認をするようになっているのだ。「人を傷つけない公正さ（political correctness〔人種・宗教・性別などの違いによる偏見・差別を含まない、中立的な表現や用語を用いること〕）」や「差別用語を使わない文化」なんて、まるで「思考をとりしまる**警察**」のようだと言う保守的な人もいる。しかし自分にとって一番居心地のいいジェンダー自認をする人を尊重するのは、シンプルで常識的な礼儀だ。そう子どもに教えることに、何も問題などない。アジア系の人を「**オリエンタル**」と呼んだり、知的障害のある人を「**知恵遅れ**」と言ったりするのが失礼だと考えられるようになったのと同じように、自分を**they/them**〔男性でも女性でもない自認をする人〕と呼ばれたいと言う人に思いやりを見せても、何の損もないはずだ。

こうした「政治的」な問題について話すことが、単にデリケートで居心地が悪いからと言って必死に避けようとするのではなく、それを乗り越えることが肝要だ。重要なテーマに真正面から取り組もうではないか。なぜなら、子どもたちもじきに、そうしなくてはならなくなるからだ。それに、親が子どもと政治の話をしなければ、きっと、よそで耳にするようになる。そして、あっという間に大混乱になってしまうのだ。

ヒント 27

男の子（特に白人の）がもっている特権について教える

私は二十代前半の頃に、初めて**白人の特権**という言葉を聞いたが、その言葉は好きになれなかった。**男性の特権**についても同じだ。異性愛者の白人である私は、物事に口出しする権限もなければ、自分とは何の関係もない先祖の罪に対しても罪悪感をもたなくてはならないのかと不満に思った。当時の私は、白人の異性愛者の男性の多くと同じように、こうした特権について投げかけられる疑問をはねつけて、そんなことを指摘する人をあざ笑っていた。しかし、インターネットの力と、世界中の父親から成るコミュニティに参加したおかげで、この重大な問題についての考えをすっかり改めることができた。私と外見がまるで違う世界中の父親たちの率直で正直な経験を知ったおかげだ。これもまた決して容易なことではなかった。自分の過ちを認めるのはつらいし、そんな特権の存在を認め、自分自身もそこから日常的に恩恵を受けていると理解するのは、ひどく屈辱的でもあった。私がいかに何も見えていない愚か者だったかと人生で出会った多くの男たちが（賢明に）教えてくれたのは、ちょうど私が自分の息子たちに特権について教えなくてはならないタイミングだった。それに気づかせてくれた彼らには感謝しかない。

白人の特権とは何か？　それを最もうまく言い表していると私が思うのは、二〇一二年のジョン・スカルジのエッセイ『異性愛者白人男性――最もイージーな設定（*Straight White Male: The Lowest Difficulty Setting There is*）』だ。彼は、人生を人気ビデオゲームにたとえて、異性愛者の白人男性は最もイージーな設定でゲームをしていると述べている。「つまり、彼らにとって、ゲームのほぼすべてのプレイヤー・キャラクターのデフォルトの行動が低く設定されているのだ。クエストを完了するためのデフォルトの障壁も低くなっていて、レベルアップも早くできる。他の人が努力しなければ入れないマップの一部へも自動的に入ることができる。ゲームは、自動的にたやすくプレイできるようになっていて、助けも簡単に得られるデフォルトになっている[*57]」

「異性愛者の白人男性」設定でも負けることもあるし、もっと難しい設定で勝てる人もたしかにいる。「異性愛者の白人男性」設定で負けたのは、設定が難しかったからではない。さらに言えば、低い設定で勝ったことによって、その成果が失われるわけでも、努力しなかったと思われるわけでもないだろう。ただ、白人の異性愛者の男性には、生まれつきのアドバンテージがあって、それは探そうとしない限り、自分ではほとんど気づかないものばかりだということなのだ。なぜならゲームが初めから有利に設定されているから。もしあなたが白人男性なら、そうした特権があるという事実を認識することが、白人の特権に立ち向かう最初のステップとなる。この説明は、ゲームにはまっている長男にはとても分かりやすかったようで、すぐに理解してもらえた。

家族や友人の中には、頭を横に振って、そもそも何も悪いことをしていない幼い子どもにそんな話をするのは適切ではないと言う人もいた。その人たちの言い分は、自分には人種差別的な考えも女性蔑視もまったくないし、子どもたちにカラー・ブラインド（人種の違いに気づかない）やジェンダー・ブラインド（ジェンダーの違いに気づかない）になるように教えるのが最良の方法ではないか、ということなのだ。彼らは、ほとんどの人が善意に満ちた人たちだが、人種やジェンダーの違いが見えないように子どもを教育することが最良の方法で、それが社会を真に啓発することに繋がると固く信じているのだ。

彼らがなぜそう思うのかは理解できるが、私は彼らの考えに猛反対だ。

少年たちが社会の問題を解決するためには、まず問題について理解しなくてはならない。そのためには、男の特権について少年たちに話しておくことが重要なのだ。ただ単に男だというだけで同じ仕事をする女性より給料が高いということ、ただ単に白人に多い苗字というだけで就職の面接に呼ばれる率が三〇パーセントも高いということを[*58]、息子たちは知っておくべきだ。私は彼らに制度的な人種差別や、本質的なジェンダーバイアスについて教えるつもりだ。なぜなら、たとえ私たちが望んでいなくても、依然として民族や性別の違いがこの世界で重要視されることを、息子たちには気づいて理解してもらわなければならない。白人の少年たちにカラー・ブラインドや、ジェンダー・ブラインドになれと教えるのは善意からであっても、残念なことに現実の矛盾が見えなくなってしまう。差別や偏見を認識することは、子どもが様々な方法で周縁化された人々のために声を上げられるように教えることでもある。マイクロアグレッション〔無意識の差別〕に気づいて反対の声を上げたり、制度的な権力構造の恩恵を受けているいじめ加害者に立ち向かったり、軽視されているマイノリティによる本やアートや映像などを購入したりするための足掛かりとなるのは、まず自分の特権について認識することなのだ。

現代社会には白人男性の特権など存在しないし、男女賃金格差は神話でしかないし、我々は人種差別を超えた実力主義が支配する社会に生きていて、だれもが同じ土俵に立っていると主張する人たちがいる。彼らは特権という概念自体がポリティカル・コレクトネスの暴走だと言う。#MeToo運動や最近のスキャンダルで失脚させられた著名な白人男性たちのスクリプトを覆して、今日の社会で攻撃を受け続ける異性愛者の白人男性こそが、実は非常に困難な状況にあると主張する。そんなのは嘘っぱちだ。そんな話に耳を傾けたり、子どもに影響を与えさせたりしてはならない。自分たちが攻撃されている側だと主張する人たちは、自身の行為をセクハラと糾弾されることから**もう逃げられなくなった**ことに、不愉快ながらやっと目覚めた人たちだ。こうした男たちは特権を失ったことに腹を立てたり、自分の行動を見直さざるを得なくなったりしたが、黒人が選挙権を与えられたのは百五十年前、女性の選挙権も百年前にやっと獲得されたという事実を忘れてはならない。非白人が公民権運動によって、「平等な地位」と呼べるようなものを真に得られてから、五十年かそこらしか経っていない。それは、長い人間の歴史の中の、つい昨日のことなのだ。奴隷制度の影響は今日に至るまで続いているし、女性もまだ遅れを取り戻そうとしている。異性愛者の白人男性は、常に制度的な優位を享受してきたが、それは権力のある異性愛者の白人男性によって構築され維持されてきたものであって、将来も続いていくだろう。息子たちが改善に力を貸そうとするのであれば、まず、この現実に目を向けなくてはならない。子どもに幼い時から教えるのは常識でもあり必然でもある。親は制度を根底から変え始めることができるのだ。

白人で異性愛者の男の子に対して、親はこうした難しい話を、自分も特権の与えられた人間だという恥辱感をもたせないように、優しい方法で話すことができる。しかし、だれもが享受できるわけではない特定の社会的な恩恵を受けていることも理解できるように教えるべきだ。そうした知識がなければ、彼らはただ単に、他者が平等を得ることによって自分たちの平等が失われると感じるような大人になってしまう危険性があるのだ。

ヒント 28

身体の自律性と境界線について話す

あなたは、子どもに大人とハグをすることを強要していないだろうか？　おじいちゃん、おばあちゃん、親戚のおばさんやおじさんなど——小さい子どもにハグやキスを要求するのをためらわない人も多い。親がそうした要求に従って、子どもに身体的な愛情を示すよう言い聞かせるのもよくあることで理解もできる。そうした行為にネガティブな影響があるなんて、自分が子どもの頃も、初めて親になった時にも、まるで考えていなかった。私自身も、気が進まなくても親戚をハグしたりキスしたりするよう仕向けられていたので、自分の子どもについても同じ考えをもち続けていたのだ。

しかし、米国小児科学会の成長行動小児医学委員会の執行委員であるジャック・レヴィーン医師は、要求されて大人に身体的な愛情を示すことを子どもに強いるのはよいことではないと言う。だれに愛情を示したいかという発言権を子どもから奪ってしまうからだ。[*59] たしかにそれは理にかなっている。大人は、ハグしたくない相手をハグするよう強要されたりしない。だったら、子どもにも同じことが当てはまるのではないか？　たしかに、親戚の集まりなどで、子どもが自分でハグする相手を決めるようになると、気まずい雰囲気になるかもしれないし、親戚の中には冷たくされたと不快に思う人もいるかもしれない。しかしそんな気まずさは、子どもの身体の自律性を守り、自分と他人との境界線を維持できるようにすることと比べれば、とるに足らないことだ。

実際、こういうことが将来、同意の重要さについて子どもと話すことへと繋がっていく。居心地の悪さを感じたら、身体を人に触らせてはいけないというのは、幼い子どもにもすでに教えておかなければならないことだ。今思えば、子どもには、「触られたくなければだれにも触らせてはいけないよ」と教えておきながら、子どもが（親戚などに）ハグやキスをするのを嫌がると叱ったり強要したりしていたのは、あまりにも馬鹿げていたと思う。ブレないことが重要だと思っていた私が、実はかなり混乱したメッセージを送っていたのだ。それにこんな混乱したシナリオが、もし子どもを愛している人や目上の人が、将来子どもに何らかの虐待をするようになった場合は、問題となるだろう。親からハグやキスをするように言われていた相手から虐待を受け始めたら……子どもは明らかに不利な立場に置かれる。すでに自分には「ノー」と言える主体性がないと感じているからだ。同じ理由から、私の家では、くすぐりっこゲームについても同じルールを設けている。「やめて」と言ったら即座にその場でやめること。「そんなの、よくあることじゃないか、お前の家はちっとも楽しそうじゃないな」と思われるかもしれない。でも、実際、嫌がる子どもに身体的な愛情を示せと強要していては、身体の自律性や同意についての真剣な対話ができなくなるだろう。

また、こうした身体の自律性に関する誤った考えを少年たちが容易に取り込んで内面化し、不幸な方向に向かってしまう可能性もある。幼い少女が「ノー」と言ったのに身体的な愛情を示すことを強いられるのを目にすれば、たとえ潜在意識レベルであっても、少年の将来の恋愛観に影響を与える土台や標準となってしまう。女性が肉体的な親密さを拒んでも、そうしろと言われたらするしかない、という誤った考えを強化することになるだろう。はっきり言って、こうしたことが、中絶の法律に関して、男性議員たちが女性の身体の自律性を制限しようとする要因にもなっていると、私は思っている。

私にとって非常にパーソナルな問題についてお話ししよう。二〇一〇年に妻と私は二人目の妊娠を計画していた。三度も流産を経験した後に、やっと受精卵の着床に成功したことがあった。私たちは不安を抱えながら、流産の危険性が大きく減少する十二週目になるまで、妊娠を発表するのを待った。十二週目のエコー検査の間、私はうれし涙を流しながらＭＪの手を握っていた。ついに多くの喪失を乗り越えて、もうすぐウィルに彼の切望する弟か妹を与えることができるのだ。予定日は大みそかあたりだった。しかし、放射線技師から恐ろしい電話がかかってきた。赤ん坊の脚に気になることがあるので、「念のため」もう一度エコーを受けに来てほしいと言うのだ。

十六週目に、私たちの赤ちゃんにシレノメリア、人魚症候群とも呼ばれる症状があることが分かった。脚がくっついていて、さらに悪いことには、赤ん坊が子宮の外で生存するのに必要な臓器のうち腎臓、肛門、膀胱が備わっていないことも分かった。十万分の一の確率で起こる症状だと医師に言われた。私たちの赤ちゃんはまだ生きていたし、誕生まで生き続けられるわずかな可能性もあったが、子宮の外で生存する可能性は「ゼロ」だと言われた。四人家族になる予定が一瞬にして崩れてしまった。ボストンの病院に空室が出るまで二週間待つか、あるいはすぐに関連施設で中絶を受けるか。どちらかの選択を迫られた。二週間待つ間に死産になる可能性もあった。

　私と妻は、どうしようもなくつらい二つの選択肢のどちらを選ぶか、一日かけて考えた。それはまるで『きみならどうする？』〔子ども向けのブックシリーズ。原題は*Choose Your Own Adventure Book*〕の最悪バージョンのようだった。最終的に私たちは、赤ん坊にとって最も安楽だと思われる中絶という方法を選んだ。死につつある赤ん坊を胎内に抱えて二週間も待った挙句、死産になるかもしれないというのは、ＭＪにとってつら過ぎた。私たちは中絶処置の予定日にブルックリン・クリニックへ行った。しかしそこには、胎児を描いたサインを掲げてクリニックを囲み、建物に入っていく人たちに向かって中絶反対を叫ぶ宗教の狂信者どもがいた。彼らは私たちのことも、私たちの事情も知らない。朝目覚めて、今日という一日を、見も知らぬ人たちを辱めることに使うのが最も有意義な時間の使い方だと思うような人間なのだ。彼らが攻撃している相手は、まったく合法的で安全なリプロダクティブ・ヘルス（性と生殖に関する健康）の決断をしなくてはならなかった、人生でも最もつらい日に対面している人々なのだ。彼らには何の関わりもないことなのに。私はＭＪの肩を抱いてささやいた。「無知な馬鹿どもなんか、無視しようよ」。当時は三十五フィート・バッファーゾーン

〔中絶反対デモをする人はクリニックから三十五フィート離れなくてはならないという取り決め〕（後の二〇一四年に、最高裁によって非合法とされて覆された）が設けられていたが、抗議者の声は、車の行き交うハーバード・アベニューのあちら側からも、よく聞こえてきた。クリニックに入る直前に聞こえてきたのは、私たちがまだ生まれない胎児を殺そうとしている、ということだった。

入り口のセキュリティを通って建物に入ったとたん、ＭＪがおかしくなった。完全に壊れてしまった。そもそも、私は、地獄に熊手を担いだサタンがいるなんて話を信じちゃいない。でもその日見たのは、まさに地獄だった。しかも地上の地獄。文字通り体内から一つの命が取り除かれてしまう直前に、最愛の人が嘆き悲しみ、体を震わせて泣き叫ぶのを二十分も見ているのは、地獄そのものだった。しかも、医師にはインフォームド・コンセントの法律に従う義務があるため、処置について耐えがたいほどの詳細を、たとえ当人が資料を読んですでに理解していても説明しなくてはならない。妻がさらに拷問の苦しみを味わっている側で、私は何もできずに立っているだけだった。もう聞きたくないと涙ながらに訴えてもダメなのだ。妻が処置室に連れて行かれるのを、私は心が粉々に砕け散る思いで見つめるしかなかった。処置室で妻を慰めることすら許されないのだ。そう、たしかに地獄はそこにあった。さらにクリニックの外で叫ぶやつらが、不必要かつ残酷に女性を辱めることによって、地獄の存在をどうしようもなく、より現実にしてくれていた。

当時私は新聞記者だったので、自分の権利についてよく分かっていた。彼らには、天下の大道で好き勝手なことを言う絶対的な権利が保障されていることも理解していた。でも同時に、私にも憲法修正第一条で保障された表現の自由を行使する権利があることも知っていた。そこでスマホで録画しながら彼らに近づいて、なぜそんなことをしているのかと尋ねた。私たちの置かれた状況の説明をすると、彼らは自分たちのひどい行為の理由づけを探そうとじたばたした挙句、妊娠中絶をした女性の自殺率が高いからなどと、たわごとを言うのだ。私はそれをじっと聞いていた。すると、公道で録画していることを警察に通報すると私を脅したのだ。笑っちゃうね！　言論の自由で守られているのは自分たちだけだと言わんばかりだ！

ＭＪを迎えに行く頃には警官が到着していたが、抗議者たちはもういなくなっていた。ＭＪがふらふらしながら、「あなた、いったい何をしでかしたの？」と皮肉っぽい疲れた笑顔で聞いた。その日のうちに（ＭＪの許可を得て）私はユーチューブと自分のウェブサイトに動画を上げた。するとすぐに百万回以上の再生回数を記録し、世界中のニュースに取り上げられたのだ。あっという間に、賛否両論の圧倒的な反応であふれた。宗教狂信者や反中絶主義者が大挙して押し寄せ、私を赤ん坊殺しだとののしった。私たちが作り話をしていると非難し、メールやネット上のコメントを通して私たちの死を願った。私の両親の電話番号を見つけて電話をかけ、殺人者を育てたと母と父に向かって叫んだ。しかし、その一方で世界中の女性の声も届き始めた。彼女たちの声が、私をすぐにでも同じことを繰り返したい気持ちにさせてくれた。過去に中絶をした彼女たちを激しく攻撃したのは、見知らぬ人を苦しめるのが神の仕事だと思っているような人たちだった。

親に打ち明けられなかったため、一人でその棒打ち刑を受けなくてはならなかった若い女性もいた。二十年、三十年、四十年も前に中絶をしなくてはならなかった年配の女性たちは、攻撃者の言葉から受けた恥辱感と罪悪感を今でも覚えていると言う。年齢、人種、地域に関係なく、彼女たちが言うのは、その時に反撃できる強さが欲しかった、あるいは、周囲のだれかが自分を猛攻撃から守ろうとしてくれたらどんなによかっただろうということだった。その日、私を攻撃したうちの二人は女性だったが、中絶を経験し時間を割いて私にコメントを寄せてくれた女性たちは、攻撃者の多くが男性であったという事実に困惑し、憤りを感じていた。

　妊娠は男の身体に何ら影響を与えないし、男は妊娠についての困難な決断に迫られることもない。それに男が赤ちゃんが欲しくても、自分の身体から産み出すこともできない……だから私は言いたい！　妊娠中絶を積極的に禁止して女性の身体をコントロールしようとするような男は、女性嫌悪者以外の何者でもないと！

　中絶を違法化する男は、自分の身体のコントロールを保とうとする女性を罰しているのだ。少年たちはそのことを知っておくべきだ。中絶が好きな人などいやしない。宗教が何を信じさせようとしても、中絶を受ける女性や彼女を支える男性は、中絶パーティを開くわけでもなければ、街角で〔だれにも知られずに自分で中絶をせざるを得ない人のために〕金属製ハンガーを無料配布するわけでもない。私が息子たちに教えようとしているのは、中絶を好きになる必要はないけど、それを選ぶ権利と身体の自律性を尊重すべきだということなのだ。なぜなら、中絶を違法化しようと声を上げれば、そのとたんに、あなたは女性が自分の身体を管理し、自分に最良な生殖に関する決断をするという基本的な権利を女性から奪いとる法の提唱者になってしまうから。中絶が違法化されれば、それは罰を伴う犯罪となり、自分の身体について決断する女性たちを罰したいということになる。そんなの、いいわけがない！　自分の身体を管理するという女性の権利（実際には、すべての人間がもつ権利）は、きわめて神聖なことであり侵してはならない。自分の身体をどうしようと、他人がとやかく言う権利など**決してない**と、少年も大人の男性も知るべきだ。

そういうことについて長男と話をした。彼が妊娠に終止符を打つ考えに賛同することに抵抗があるのは当然だし、理解もできる。しかし彼に説明したのは、個人的に反対であったとしても、個人的な考えによって、女性が自分の身体に関する選択をすることを制限するのは間違っているということだ。息子はそれを理解してくれた。女の子の身体をコントロールなどできないと、もっと多くの男の子が知るべきだ。それが性と生殖に関わる選択であっても、彼女が何を着るかであっても。

後者の服装については、アメリカの多くの学校で未だに続いている、きわめて厳しい服装規則のせいで、特に悩ましい問題だと言える。肩の出る服はダメ、膝上のショートパンツやスカートもダメ、レギンスすら禁止されている学校がまだたくさんあるのだ。常に女の子だけが呼び出されて、「適切な」服に着替えるか、学校をやめるか迫られる。その際の理由としてよく聞かれるのは、その子の服装が男子生徒の気が散る環境を作るからというものだ。

保護者のみなさん、こんな服装規則やそんな堅苦しい考え方は、絶対に押し返そうじゃないか！　そんな考え方は、女子は自分の行動だけでなく、男子の行動にも責任があるということだ。男子生徒がクラスの女子にセクハラをしたって？　その時、「**彼女は**どんな服装だったのか？」そう尋ねることは、まるで彼女のむき出しの肩が男子を誘惑し、あらゆるセクハラを招くとし、あるいは男子にセクハラの言い訳を与えることになるじゃないか。男の子は自分の行動には責任がないと学び続ける。なぜなら男子とは、女子の最も性的ではない身体の部位が露出されただけで、欲情を抑えられなくなる単純なホルモン野獣そのものなのだから。息子を持つ親は、自分の行動は自分だけに責任があるという事実を、家庭でしっかり叩き込まなくてはならない。たとえ女子が裸で学校に来たとしても、だれにも彼女を暴行したり強姦したりする権利などないのだ。男子は自分自身の行動に責任があり、女子のことが気になって授業に集中できなくても、それは自分の責任でしかない。体を覆うように女子に強要すれば、女子の服装に影響を与える権力が男子にあると思わせてしまう。そして女子には、自分の身体は自分だけのものではない、男子のきまぐれな目線に左右されるものなのだと、思わせてしまうことになる。

個人のとるべき責任、そして、あらゆるレベルにおける境界線と自律性の重要さについて、息子たちにきちんと教え込もうではないか！　たとえそれが、マリー伯母さんのハグを拒絶することになったとしても。

ヒント29

男の子に性的同意について教え、レイプカルチャーを助長させない

息子たちが娘たちを尊重するためには、まずレイプカルチャーについて話さなくてはならない。レイプカルチャーは、レイプの行為だけに限らない。男性をレイプに導き、性的暴行を常態化させ、加害者を許す一方で、被害者を非難するような文化や行動規範もレイプカルチャーなのだ。

歴史は概して、特に権力をもった男たちから不適切な性的行為を受けたと訴え出た女性に対して思いやりを見せてこなかった。二〇一九年六月のＡＢＣテレビのニュースによると、「少なくとも十七人の女性が、ドナルド・トランプをセクハラや性的暴行を含む様々な不適切行為で告発しており、一人を除く全員が、トランプの大統領選立候補前や立候補中に告発を行っている」[*60]と述べている。しかし社会は、トランプと彼の忌まわしい疑惑の捜査に、法の力を全面的に投入する代わりに、トランプの告発者にスポットライトを当て、責任を負わせようとした。「なぜもっと早く名乗り出なかったのか?」「その時、どんな服装をしていたのか?」「彼女たちの男関係はどうなのか?」

こんなことは別に驚くようなことではなかったのかもしれない。二十年前にも当時の大統領ビル・クリントンが権力を乱用して、ホワイトハウスのインターンだったモニカ・ルインスキーと関係をもったことがよく知られている。クリントン前大統領は弾劾されたが（罷免はされなかっ

た）、既婚男性を誘惑して関係をもったと辱めの矢面に立たされたのは、力の差で不利な立場にあったルインスキーのほうだった。トランプの場合は、大統領選の少し前にあの恥ずべきゴシップ番組『アクセス・ハリウッド』の録画テープが公開されたことが、不快きわまる出来事だった。「俺は常に美人に惹かれるわけよ……すぐにキスしてやるんだ。磁石で引きつけられたみたいにね。即キス！　間髪入れずに！　俺はセレブだから、嫌がらずにキスさせてくれるのさ。キスだけじゃない、なんだってできるぜ。アソコをつかむこともね。思い通りさ！」とトランプはのたまった。そしてアメリカ国民の反応は、一ヵ月も経たないうちに彼を大統領に選出し、彼の発言を単なる「男同士のロッカールームでの話」として許してしまうことだった。[*61]

被害者を責めるレイプカルチャーが最も醜悪な形で現れたのは、二〇一八年秋にトランプ前大統領が連邦最高裁判事に指名したブレット・カバノーの人格を見極める承認公聴会の始まる直前に、ある報道が浮上した時のことだった。パルアルト大学の心理学科教授で、スタンフォード大学医学部のリサーチ心理学者であるクリスティン・ブレイジー・フォード博士が、彼女とカバナーがまだ十代だった一九八二年に、メリーランドのハウスパーティでカバノーから性的暴行を受けたと訴えたのだ。これによりアメリカ上院において二人が対決することになった。彼女は、酩酊状態だったカバノーから受けた暴行の記憶を、恐る恐る涙ながらに語り、カバノーはすべての申し立てを否定した。テレビに映し出されたブレイジー・フォード博士の様子を見るのは苦痛だった。それは彼女が自分の真実を守るための公開裁判だった。その日彼女は何をどれだけ飲んでいたのか、それ以前に彼女に性的パートナーはいたのか、カバノーが最高裁判事になることを妨害する政治的動機があるのか、などと尋問されたのだ。カバノーはこのようなことについて問われること自体が不適な行為だと憤慨し、終身制の最高裁判事候補者の人柄を見極めるのが仕事である人たちに向かって、一日中怒鳴り声を上げ続けた。最終的にカバノーは承認され、現在も最高裁判事の椅子に座っている。一方、ブレイジー・フォード博士の人生はこの騒ぎですっかり狂ってしまった。彼女は加害者について証言しただけなのに、そのことを怒る人たちから身を守るために、引っ越しを余儀なくされ、何ヵ月にもわたる警備を必要としたのだった。[*62]

全米性暴力リソースセンターの統計によれば、一生のうちに女性の五人に一人がレイプされるという。同じぐらい厄介なのは、男女を問わず性的暴行の被害者の六三パーセントが警察に通報しないということだ。[*63]女性が権力のある男を不適切な性的行為で告発したケースを見れば、なぜそれほど多くの被害者が申し立てをしないのかが理解できるだろう。被害者を責めて罰するのが社会のパターンだからだ。

女性が性的暴行を受けたとウソをつくこともあるだろう。疑わしきは罰せずの原則は常に守られなくてはならないが、初めから告発する側を悪者扱いするべきではない。そんな時、即座に被害者に「レイプされた時、どんな服装で、どんなところにいたか」と、まるで服装やそこにいたことが被害者の落ち度であったかのように尋ねようとする人には、逆に聞きたい。「なぜ、まず加害者に、レイプという罪を犯そうとしたのはなぜかと尋ねないのか」と。その理由について掘り下げて考えてみてほしい。

これがまさにレイプカルチャーなのだ。トランプ前大統領の不埒《ふらち》なふるまいだけではない。普通の人たちのこうした態度が子どもたちにも反映されるのだ。

では、男の子の親は、この深く埋め込まれたレイプカルチャーにどう対抗していけばよいのだろう？　まず、同意のコンセプトを教えることから始めてはどうだろう？　これは多くの親が伝えてきたことよりも、ずっと複雑でデリケートな概念だ。この文章を書いているまさに今、長男が初めてガールフレンドと付き合い始めた。私の家では、常にどんなことでもオープンに恥ずかしがらずに話し合ってきた。体のパーツも生物学的な正しい名称で教えたし、同性愛やセックスの基本や赤ちゃんの作り方といったことまで話し合ってきた。でも抽象的な話から、名前も顔も人格もある実在の人についてとなると、話が違ってくる。あっという間に超現実的なことになるのだ。私は焦った。あまりにもたくさんのことをウィルに話さなくてはならないのに、すべてを話す十分な時間がない。ウィルはもうすぐ中学生になるし、すでにガールフレンドがいるのだから。

もっとも私の知る限り、この年頃でガールフレンドがいるということは、インスタグラムに不器用な投稿をしたり、それを友だちにからかわれて恥ずかしい思いをしたりすることがほとんどだと思うけれど……。それにしても、息子が女の子と付き合うようになったなんて！

そこで自問せざるを得なくなった。いったいどこから始めればいいのか？　父親としてこれは将来に関わる瞬間ではないのか。今のやり方次第で、この問題についての将来の話し合いの基礎が決まってしまう。女の子との交際について数々のアドバイスを浴びせかけて息子を圧倒するのはよくないだろう。でも彼が知るべきことは、とてつもなく多いとも思っていた。そこである晩、寝る前にウィルに話をしようともちかけた。今や彼はガールフレンドのいる、「ひとかどの男」になったのだから、話をしなくてはと思ったのだ。私はウィルのベッドの端に腰を下ろした。彼は、私の両親が私に「その話」をしようとした時の私と同じ表情をしていた。それは、気まずさと不安と反感が同じぐらい混ざり合ったものだった。

どう話せばいいのか、適切な言葉や効果的な方法を探している間に、二十五年前の両親との「その話」が頭をよぎった。私の父は、昔も今も、多くの大切な教訓を授けてくれる素晴らしい父だ。そのおかげで、私は（大体において）いい人間に育ったと思う。それでも、交際についての父の訓戒はやや十分ではなかったと言わざるを得ない。父の言ったあるメッセージが特に忘れられない。それは同意についてだった。「女の子がいいと言うまで、何もしてはいけないよ」。これは単純すぎるが、悪いメッセージとは言えないよね。異性愛者の男性は、女性が同意しない限り、性的行為を絶対にしてはいけない、その通りだよね？　でも、まだ脳が発達しきっていなかった私は、それを、「彼女がいいと言えば、してもいいんだ」と解釈した。父のメッセージの問題点に気づくまで十年以上もかかった。このメッセージでは、自動的に、性的行動を起こすのは男性で、女性はゲートキーパー、すなわち身を守る立場だということになってしまう。女性が行動を起こす場合もあるし、男性だっていつも自動的に同意するわけではないという事実が無視されている。

それに、このメッセージは私に不健全な考えを植え付けてしまった。十代の終わりから大学時代にかけて、私は女性に「イエス」と言ってもらうためにどんなことでもした。同意が得られなければ何もしてはいけないことは分かっていた。それはレイプだから。しかし実際にレイプしないからと言って、レイプカルチャーに貢献しないわけではない。まさに私は「イエス」を得るために、レイプカルチャーに貢献していたのだ。セックスについてあいまいな態度をとるデート相手から同意を引き出すためにどんなことでもした。花束を贈ったり、詩を書いたりといった素敵なジェスチャーを使って、私がセックスに値する男だという証拠を見せようとした。認めるのが恥ずかしいほど多くの女性に「イエス」と言わせようと、やましい努力をした。懇願し、お願いし、おだて、操作した。それがどれほど問題なのかに、気づいていなかったのだ。男友だちや、テレビ番組の男優たちが、女子に「セックスに同意させる」ために様々なことをするのを普通のことのように思っていた。そういうものなんだと、自分の行動を見直すことすらせずに、ただハイブマインド（集合精神）に流されていた。しかし、MJと付き合い始めた頃、彼女と女友だちが話しているのを耳にした。セックスを懇願する惨めな男たちに苛ついて、しつこさから逃れるために同意し、しぶしぶ男たちと寝ていたという話だった。私は彼女たちの会話に割り込んで、「そんなことって、しょっちゅうあるのか?」と尋ねた。「ごく当たり前のことよ」というのが彼女たち全員の答えだった。

いくつかの理由で私はショックを受けた。まず、その男が自分だと気づいたこと。絶えず、あの手この手でセックスを懇願するうっとうしいピエロが自分だったのだ。彼女たちが話していた惨めな悲しい男が、まさに私なのだ。次に気づいたのは、女性が本当にしたくてセックスをするのではなく、私のようなしつこい男にうるさく言われるより、むしろセックスをしたほうが簡単だと思っていたということだ。それを知った瞬間、そんな状況がいかに悲しいものか、そして自分がいかに無知で愚かであったかを痛感した。今でもはっきり覚えている。女性に交渉して「イエス」と言ってもらえたら、私は心の中で祝杯を挙げていた。しかしその自分への祝福とは、実は彼女をうんざりさせて、私を黙らせるために気乗りしないセックスに応じていたことへの祝福だったのだ。同意だけがゴールではないなんて思ってもみなかった。本当の意味の熱意も切望もなかった。私はただ許可を得ようとしていただけだったのだ。女性が自由意思で無条件にセックスをしたいと思えるような人間に、私はなろうとしていなかった。

レイプなどしたことないから、自分は「いい人間」だとずっと思ってきた。まるでレイプしないことが男の自慢や名誉の証しであるかのように！　男たちはそこまで堕落してしまったのだ。長い間、私は同意の複雑さも、男性に勝ち目のない立場に追い込まれた女性の否認や憤りも理解せずに、「有害な男らしさ」を助長させ続けていたのだ。そして、なぜ私の交際がいつもうまくいかないのか、なぜセックスがいつも征服や回数の記録のためのもので、相手の経験を思いやるものではなかったのか、と考えた。自分が闘ってきたと思い込んでいた問題そのものの中心に自分がいたと気づくのは、不愉快どころの話ではない。そうしたことに私が気づいたのは、恥ずかしいほど年をとってからだった。息子たちが私のような屈辱的な遅れをとらずに済むように、彼らにはできるだけ早い時期にこの教訓を伝えることが、今では私の使命になっている。

長男のベッドの端に腰かけた私の頭の中で、こうした考えが渦巻いていた。そして十一歳の彼に理解できる方法で、どう伝えればよいのかを必死で考えた。私は言葉が見つからなくて口ごもり、少しもうまく会話を進めることができなかったし、ウィルが首をかしげたり眉をひそめたりする様子が、私の言わんとしていることがまるで伝わっていないことを物語っていた。彼は興味をなくして退屈し、ペットの（メインクーン種の）ネコと遊び始めた。私がさらに言葉を続けようとすると、ネコのブルーノは居心地が悪そうになってベッドから飛び降りようとしたが、ウィルはネコを抱き続けて、その柔らかい毛をなで続けた。

その時、ひらめいた！

「今ブルーノはなでてほしくないんだ。ブルーノのボディランゲージに気づかない？　逃げたいと思っているよ。ニャーニャー鳴いて嫌だって伝えようとしているだろう？　でもブルーノはウィルのことが大好きだし、傷つけたくないから、まだそこに留まっている。でもどこか他の所に行きたいというサインをはっきり、いくつも送っているのに、きみはそのサインを無視しているよね。きみは自分勝手で、明らかに逃げたいと伝えているネコの気持ちを尊重していない。きみのほうが大きくて力があるから、ネコが何をしてどこに行くかを決める権利がきみにあるのかな？　ねえ、これが同意ということなんだよ。今、ネコがウィルのガールフレンドだと考えてごらんよ」

ウィルの表情がすべてを物語っていた。腑に落ちたのだ。

「うーん……」ウィルは目を大きく見開き、考え込むように言った。「**ああそうか！**　パパの言いたいことがすごくよく分かったよ。なるほど、そういうことなんだね！」

皮肉なことに、私はネコが好きではない。なにしろ嫌なんだ。MJと付き合い始めてからずっと、ネコを家に持ち込まないよう努力してきた。特にこのネコは私の靴の中にウンチをするのだ（それも家族の中で私の靴だけに！）。こいつは私の宿敵！　でもその夜は、私が二十代になるまで学べなかったとても重要なことを息子に教えるのに、このネコがまさに必要だった。

この本を読んでいる親であるみなさんに伝えたいのは、同意について子どもたちに早期に、頻繁に、そして徹底的に話してほしいということだ。子どもは一人ひとり違うし、自分の子どものことを一番よく分かっているのは親だろう。でも、ぜひ同意についての対話を遅らせないでほしい。遅らせることによって、レイプは悪いことだと知っていても、自分や女性たちや社会全般にとって役立たない有毒で有害な行動の仕方に、自ら貢献していることにまったく気づかない少年になってしまうリスクがあるのだ。さらに言えば、両者がセックスから充実感を得られたかどうかではなく、回数だけにこだわるようなセックスライフを息子に授けてしまうだろう。熱烈な同意があれば、それはとてもセクシーで素晴らしいものなのだ。だって、相手がイエスと言えば、それほど素敵なことはないから！

男の子たちがレイプカルチャーに屈しないようにするには、同意について教えさえすればよいのではない。彼らがどんな映画を見て、どんな音楽を聴いて、どんなゲームをしているのかを認識することも必要だ。女性に無理やりキスをしたり、性器をつかんだり、性的暴行を冗談めかして話したりするのは決して「ロッカールーム・トーク」ではないと、明確に伝えることだ。世間を騒がせたブロック・ターナーズの事件についても話すべきだ。ターナーズが意識を失った女性をレイプしたことではなく、スタンフォード大学の水泳奨学金を失ったことに焦点を当てたメディアの伝え方がいかに間違っているか、そして、彼の父親が息子は「たった二十分間の行為」のために刑務所に入れられるべきでないと主張したことが、どれほど間違っているかを示さなくてはならない。[*64]

レイプカルチャーとは、我々の文化的規範に反映された、女性に対する暴力の常態化だ。ポップカルチャーにおける女性への性暴力の美化であり、メディアにおける女性の非人間化だ。レイプカルチャーは今日も続いている。政治だけでなく子どもたちの間にも。校庭にも、親と囲む食卓にも、テレビにも、存在している。でもありがたいことに、解決策はある。幼い頃から少年たちを、女性を尊重するように育てることが必要なのだ。女性を信じ、学校でも、将来の職場でも、女性の味方になれるように。女性を虐待しない男になるだけでは十分ではないと、私は息子たちに教えている。女性のために声を上げられる男になれと。自分には直接の利益がなくても、女性の側で立ち上がれる男になる努力をしろと。そして我々の社会に存在するレイプカルチャーに気づき、それに内側から立ち向かう男になれと。なぜなら、これは女性だけでは解決できない、みんなで共有しなくてはならない闘いだから。この蛮行は、男性が真剣に取り組んで女性の味方にならなければ、終わることがない。こうしたメッセージをできるだけ早くから少年たちに教え込まなければならないのだ。

ヒント 30

ポルノとフックアップ・カルチャー（一夜限りの関係をもつこと）の問題点

私が初めて『プレイボーイ』誌を見たのは小学校の時だった。子ども時代、無理やり行かされていたプロテスタント教会に、ある男子がこっそりその雑誌を持ち込んだのだ。教会の地下室で、その子が見開きページを見せてくれた。地下室は教会の日曜学校をサボって隠れる場所だったんだ。それから数年後、中学二年か三年になった頃に、非常に居心地の悪い「通過儀礼」として、今度は父親に、『プレイボーイ』誌を見せられた。父は、それが私にとって初めての経験だと思っていたようだった。実際のところ、私はすでにそうした雑誌を何冊も隅々まで読みあさり、「プレイメイト・オブ・ザ・マンス」まで暗記していたが、初めてのふりをしなくてはならなかった。ケーブルテレビ『シネマックス』でソフトポルノを発見したのも同じ年だった(シネマックスを私たちはもじって『スキンマックス』と呼んでいたものだ)。友だちが泊まりに来ると、こっそり地下室に隠れて、ポルノ映画の下手くそな演技を何時間も見続けたものだ。

今日のポーンハブ(Pornhub)のようなフリーポルノサイトと比べると、一九九〇年代の懐かしい日々は健全にすら思える。

私の若かった頃は、ポルノのVHSビデオテープはめったに手に入れることができなかったが、二〇〇七年以降は、ネット環境さえあればポーンハブのようなフリーサイトで、完璧なポルノ動画をだれでも無料で見られるようになった。多様なカテゴリーで検索できるような、思いつく限りあらゆるタイプのポルノが広く手に入るようになった今、セックスについての現実的な見解を息子たちに授けるのは、非常に困難になっている。『エスクワイア・マガジン』二〇一八年十二月号のサラ・レンスによる記事によれば、二〇一八年のポーンハブのアクセス回数の累計は三百三十五億回にも上り、一日の平均アクセス九千二百万回、画像のアップロード数は四百八十万回だった。これは、一人の人間が百年間休みなしでポルノを見続けられる時間だ。[*65] というわけなので、ポルノなんか見るはずがないと、あなたが信じている天使のような幼いジョニー君も、見ているのだ。それもたくさん。

その証拠が、ペギー・オレンスタイン著の『ボーイズ&セックス』(*Boys & Sex*)に残酷なまでに赤裸々に綴られている。オレンスタインが十六歳から二十二歳までの、大学生や大学入学前の男子百人以上にインタビューをしたところ、そのほとんどがポーンハブを常時見ていることが分かったという。朝起きてポーンハブ、次の授業まで十分の休みがあればポーンハブ。ある大学三年生は、スマホで天気やニュースをチェックしようとしても反射的にポーンハブに入ってしまうという。またある大学二年生は、自分が思春期を迎えた時とポーンハブの開設時が偶然にも一致したため、セックスや自慰行為についてのすべてを直接ポーンハブから学んだという。[*66] 彼女がインタビューしたどの青年も、何時間もポルノを視聴し、初めは無邪気な検索でも次第にハードコアなポルノ、たとえば女性がホットドッグのパンに排便するようなものまで見るようになった人も多いというのだ。

まったく馬鹿げていると思うかもしれないが、これが、とても多くの男たちの性体験の基本的な期待となっているのだ。二千五百人の大学生を対象にしたある調査では、回答者の六〇パーセントがセックスに関する重要な情報をポルノから得ているという。[*67] オレンスタインの青年たちへの聞き取りも、その悲惨な統計を直接裏付けしている。実際のところ、ポーンハブは大多数の少年たちにとっての性教育者となっているのだ。それも、ただ単に両親が気まずい性教育の話を子どもとしないことが原因だ。それは親として怖いことじゃないか？　心の底から**怖い**はずだ。いくら女性を尊重しろだの、同意を得るべきだのと少年たちに教えても、親から聞くこととネットで目にすることとは、大きく異なっている（そして相反する）からだ。

フェミニストポルノや道徳的なポルノというものもたしかに存在しているが、子どもたちのほとんどがポーンハブやネット上で見ているのは、そんなものではない。そのサイトに入ってみた。するとトップページに出てきただけでも、こんな動画があった。「セラピストがあなたの不安を癒してくれる」「叔母さんとヤってる最中に叔父さんに見つかった」「かわいい大学一年生が後ろからヤラれて、パパとうめき声を上げる」「固いティーンの容赦なしの肛門セックス、ラフ・ファック」……これらの動画に共通したテーマは、巨根男が女性をまるで、生きたダッチワイフのように扱って、血管の浮き出た第三の脚を女性の喉に突っ込むと、その説得力のないウソの喘ぎ声が止まる、というようなもの。馬鹿げているとしか言いようがない！　公平さのために言っておけば、二千五百人の大学生のうち、七五パーセントもの学生がポルノで見たものは非現実的な期待だと分かっている。しかし肝心なのは、彼らはポルノで見たことを内在化させているということだ。なぜなら、正しい性教育や、親との率直な会話のない空白をポーンハブ（ポルノサイト）が埋めているからなのだ。

さて、子どもたちはポルノから何を吸収しているのだろうか？　オレンスタインの本によれば、ポルノを見る異性愛者の男性は、同性婚を認める率が高い反面、女性への差別是正措置（アファーマティブ・アクション）を支持しない傾向が強く、職場や政治や人生におけるジェンダー平等にも大して熱意を示さない傾向があるという。定期的にポルノを視聴する大学生は、ポルノに描かれていることを現実だと考える傾向が強く、性的行動を始めるのが早く、より多くのセックス・パートナーをもち、妊娠させる確率が高く、性的により攻撃的だという。立ち止まって考えてみれば、当然のことだ。ポルノを見る少年は、自分もおそろしく巨大なペニスと何時間も持続するスタミナをもつべきだというイメージと、女性は自分たちに悦楽を与えるための単なる道具としてだけ性的領域に存在しているというイメージに翻弄されてしまうのだから。ほとんどの異性愛のポルノのお決まりのイメージは、女性の頭を勃起したペニスに無理やり押しつけるような乱暴なセックスや、コンドームや相手との会話がほぼない状態での荒々しいセックス（しばしばアナルセックス）なのだ。

私はすべてのポルノに反対すべきと言っているわけではない（私だって今でもたまには見るし、まれに家に二人だけになった時に妻と見ることだってある）。セックスへの好奇心は自然なものだし、いいことでもある。ポルノによっては、責任をもってほどほどに見るのであれば、大体において問題ないと思うが、それも、ポルノ業界とは違う現実的なセックスについて、親と男の子たちとの間に適切なコミュニケーションがあってのことだ。しかしそうしたコミュニケーションのほとんどが欠如しているのが現状だ。ポルノに映されている多くのことは、決してノーマルでも、健康的でも、現実的でもないと、親が子どもに伝えていないのだ。そのため、この世代の男の子たちは混乱したまま成人する。そして初めて女性と性的に親密になろうとした時に、女性は、それまで自分が見続けてきたバカバカしい行為のどれも好まないと知ってショックを受けるのだ。あるいは、女性は会話のない乱暴なセックスを好むと思い込み、同意を得ずに女性の頭を股に押しつけようとして、性的暴行を加える結果になることもよくあることだろう。

自分の子どもはそんなことをするはずがない、などと思い込んではいけない。オレンスタインの本には、感じのいい男たちが問題を認識すらせずに、女性とひどく問題ある性行為に及んでいる破滅的な事例がいくつも紹介されている。ポルノ以外にも、多くの十代の青年に見られる一夜限りのフックアップ・カルチャーは、仲間内で自分のステータスを上げ、パートナーの数を増やすためだけのものになってしまっている。どうすれば回数を増やせるか、そして仲間たち（通常は男たち）からの尊敬を得られるかに躍起になる十代があまりにも多いのだ。彼女もその気になっていただろうか？　楽しんでいただろうか？　よかったと彼女は言っただろうか？　こうした自問をすることが、男の子たちには教えられていない。ポルノからも、親との話し合いからも得られていないのだ。

実際、一歩引いた視点をもつことができれば、たいていは問題が見えてくるものだ。でもだれからも教わっていなければ、そして女性はうわの空の男に顔中にオーガズムをまき散らされるのが大好きだと教えるような大量のポルノに浸かりきっていれば、どうなると思う？　#MeToo運動が起き、性的暴行事件が後を絶たないのも不思議ではない。

少年たちはポルノ動画から学んだことを現実の世界に取り入れようとする。ポルノ動画には現実など、ほとんどないのに。そうしたものの見方はベッドルームでネガティブな影響となるだけではない。女性とはただ突っ込まれるだけの穴であり、男の快楽のためだけに存在する道具だという女性のステレオタイプをさらに永続化させるものでもあるのだ。このことは、セックス以外の脈絡でも、男の子の女の子に対する見方や態度に影響を与えている。それは言うまでもなく女の子にとってダメージとなる。さらに女の子がポルノを見て、女性とは本質的に受け身になって男を満足させるために性的にふるまうべき存在なのだと考えれば、ポルノは女性にも壊滅的な不利益を与える。ポルノによって、自分より男の要求と欲望を優先するべきだと教えられるからだ。

私は息子とポルノについて話すのはまだ早いと思っていたが、オレンスタインの本を読んで気が変わり、すぐに息子と話をしようとした。「もし」「もしそうなったら」というような仮定の話ではないので、気まずかった。でもそれは、絶対必要な話だし、十一歳の彼にとって遅すぎるぐらいだったのだ。私はポルノ動画を見せたい思いとか、自分の好みの動画を共有したりするつもりなど、もちろんない。でもポルノなんか存在しない、というふりをしたり、息子がポルノを見ることとなどあり得ないというような妄想をもったりもしない。スマホやコンピュータにフィルターやセーフガードを入れても、子どもというものは、いずれポルノを見つけるものだろう。今も、そしてこれからも。禁欲が十代の妊娠問題の現実的な解決だと私は思わないし、「ポルノを見るな！」と言っても意味がないと分かっている。息子に説明したのは、ポルノは俳優が妄想を演じているものだということ、そしてポルノ俳優は出演料をもらっていても、それは大した額ではないことが多く、危険な状況で撮影していることもあるということだった。ポルノはニセモノだと私ははっきり彼に告げて、彼がいつか女の子と性的な状況になったら（彼は異性愛者を自認している）、彼女の好みを勝手に想像するのではなく、直接相手に尋ねて考えを聞くべきだと話した。

親のみなさんには「AMAZE.org」を強くお勧めする。このサイトでは、「情報を多く。謎を少なく」をキャッチフレーズに、「性教育の気まずさを取り除こう」としている。

オレンスタインの本の中で、ある一人の少年が言うように、子どもたちは親とセックスやポルノについて**話をしたい**のだ。ドン引きするかもしれない。でも男の子たちは情報を欲しがっているだけではない。父親の個人的な助言や体験を聞きたがっているのだ。どうすればいいのか、何が健全なのか、父親が後悔していることは何か、などを聞きたいのだ。たしかにこれは**超**気まずいだろう。虫歯の神経を抜かれるほうがましだと思うかもしれない。でも必ずや価値のあることだと、私は太鼓判を押すよ！

本書から何かを学んでくれるとしたら、それはポルノやセックスについて男の子と話をしなければ、ポーンハブやインターネットが彼らの性教育の教師になってしまうということだろう。そんなことが受け入れがたいのは、すでに分かっていることだよね。

ヒント 31

「#MeToo 運動」を恐れず、そこから学べ

ここ数年の #MeToo 運動で、数多くの男性著名人がレイプや性的暴行で告発されているが、この運動が男性への攻撃だと誤って見られることがしばしばある。たしかに、男性の中には、女

性の三人に一人が性暴力を経験し、およそ五人に一人が一生の間に男性からレイプされたり、されそうになったりするという現実に目を向けるようになる人もいる。[*68] 一方で #MeToo を社会正義の戦士があおり立てるジェンダー・プロパガンダに過ぎないと否定する人もいるのだ。彼らは被害者の訴えに耳を傾けたり、自分たちの過去の行動が、加害者を擁護し被害者を切り捨てるような有害な文化にどう寄与してきたかについて内省したりすることはない。ただ単に女性に対する不安を募らせ、自己防衛行動に走ることだけが、彼らのやっていることなのだ。

たとえば、福音主義キリスト教徒の男性の多くが「ビリー・グラハム・ルール」と呼ぶ信念を抱く。有名な福音伝道師にちなんで名付けられたもので、男性信者は妻以外の女性と二人きりで会わない決断をすべきというものだ。不貞への誘惑を排するのがそもそもの考え方だったが、最近では、少し違った理由でこのルールが再び、流行り出している。前副大統領だったマイク・ペンスが「マザー（彼が妻を呼ぶ気味悪い呼称）」以外の女性と二人きりになるのを拒んだことから、このルールは「マイク・ペンス・ルール」とも呼ばれるようになった。同じように、ミシシッピ州知事候補（として落選した）ロバート・フォスターも二〇一九年夏にビリー・グラハム・ルールを引き合いに出して大きなニュースとなった。彼の選挙運動に女性ジャーナリストが一日同行したいと言ったのに対し、男性の同僚が一緒でなければ許可しないと拒絶したのだ。多くの人が、これは、自分の仕事をしようとしたプロフェッショナルな女性ジャーナリストに対するあからさまな差別だと考えた。しかも、フォスターは相手が男性ならその仕事を何の問題もなく許可するというわけだ。しかしフォスターは不倫の可能性をなくすだけでなく、女性への不適切な行為の疑惑で #MeToo 運動のやり玉に挙げられないようにという保身の行動でもあると主張し続けた。

この問題は、既存のジェンダーに対する偏見が極端な形にまでなっていることを暗示している。配偶者に忠実であろうとするのは基本的にはよいことだが、異性と一対一で会うことを自分にも配偶者にも許可しないのは、あまりにも馬鹿げている。私には女性の友人がいるし、妻にも男性の友人がいる。一対一で会うこともある。それは、**妻も自分自身も信頼しているから**。同僚がたまたま異性で、配偶者がその人と二人だけで夕食をしたり、異性の友人と久しぶりに会ったりするのが耐えられないような結婚なら、率直に言って、その結婚はすでに非常に危険な状態にあると言えないか？　配偶者のことが信用できず、自分の脆弱なエゴのせいで、配偶者が異性の友人と会うのを「許さない」などと言っているのを、子どもたちが耳にしたら、それこそ、親から男の子へのメッセージとして最悪ではないか。前にも述べたようにその推論は、男とはただ本能に任せて行動する野獣で、いつ勃起したペニスを繰り出すかもしれない信用できない存在であり、一方、すべての女は夫を盗もうとするふしだらな女だという考えに基づいている。さらに、婚姻の基礎であるべき相互信頼と約束に逆行するものだ。性差別的なルールで貞節を守ろうとすべきではない。それに、自分が不安だからと言って、配偶者が友だちと会うのを禁じるなんて、そんな支配は虐待だ！

残念なことに、こうした時代遅れの考え方をもつのは、決してペンス前副大統領とフォスターだけではない。しかも夫婦の問題だけでもないのだ。二〇一九年のLeanIn.Orgのアンケートによれば、アメリカの男性管理職の六〇パーセントが、社内指導教育や一対一の作業や交流といった、ごく一般的な職場のアクティビティを女性と二人きりで行うことは「居心地が悪い」と言っている。[*69] これは一年前と比べると三二パーセントの増加だ。上級管理職の男性は、男性部下と比べて、女性部下との一対一のミーティングを避ける傾向が十二倍にも上り、女性との出張は九倍、女性との会食にも六倍も抵抗があるという。こうした現象が突然起きたのはなぜか? アンケートに答えたアメリカ人男性の三六パーセントが「女性の同僚と二人きりでいると、周囲からどう見られるか不安になる」という。今日、アメリカ中の職場を席巻しているビリー・グラハム・ルールは、すべての人にとって大きなダメージだ。

たとえば私は太りすぎだが、独房に閉じこもってすべての食べ物を永遠に避け続けることが解決になるとは思わない。より健康になるための、情報に基づいた栄養管理をすることが解決策だ。以前、息子の一人がエレベーターをひどく恐れていた。エレベーターを避けて階段だけを使うのは大変けっこうな有酸素運動かもしれないが、一生エレベーターを避けるのは彼にとって現実的な解決策ではない。そこで私たちは、エレベーターの仕組みを説明して自信をつけさせ、毎回少しずつ安心してエレベーターを使えるようにした。

当然ながら、#MeToo運動でやり玉に挙げられたり、思いもよらないことで責められたりするのを恐れて、職場で女性の同僚と時間を過ごすのが心配だという男性のための解決策は、自分を閉じ込めて人口の半数を無視することなどではない。ずばり解決策は、女性の同僚にセクハラをしないこと！　それに尽きるのだ。

既存のジェンダーに関する偏見の有害な例としてわりとよく見られるのが、MRA（Men's Rights Activist：男性の権利を守る活動家）の運動だ。幸運にもこの運動に加わっていない人のために説明すると、MRAは荒唐無稽な男性集団で、社会で差別されているのは女性ではなく、自分たち男性だと信じているのだ。なぜなら、男は十八歳になれば徴兵登録の義務があるし、骨の折れる工業や製造業の仕事のほとんどは男が担っているし、男は女性から家庭で虐待を受けているし、離婚の際の親権争いや養育費はほとんど男のほうが損をするからというものだ。実際のところ親権と養育費については、まったくの間違いとは言えない。そのため、痛烈な皮肉も言いたくなるし、憎しみで苛立ったり、不安になったりするのだろう。MRAの主張の中に、もっともな指摘があるとしても、それらは、反フェミニスト、反平等、そしてしばしば激しい女性嫌悪の波に飲まれて、すっかり打ち消されてしまっている。たとえば、彼らはフェミニストの女性たちはヴァギナを不当に守っている、というような考え方をするのだ。MRAの男たちにとって、人生でうまくいかないことはすべて女性のせいだというわけだ。

そういう男たちにSNSで出くわしたことが何度かあるが、彼らの思考は恐ろしいものだ。アルファ男特有の支配的な、怒りと権利意識から来る反女性的な、なんともバカバカしい考え方なのだ。ネット上で著名なフェミニスト女性を狙って、ひどく下品な侮辱を浴びせたり、暴力的なレイプ妄想を投稿したりすることでも知られている。こうしたことが、ケイティー・J・M・ベイカーが二〇一三年に女性向けのウェブサイト『ジェゼベル』に掲載した「レイプと殺害の脅迫――MRAの本当の顔」と題したエッセイに書かれている。その中で、MRAのスピーチを批判したシャーロットという名のフェミニストが、ネット上でひどいハラスメントによる仕返しを受けたことが紹介されている。「彼女の個人情報を拡散し、彼女の過去をほじくりかえし（「数年前に死んだ彼女の愛犬もきっと彼女に『失望している』だろう」というようなことまで）、さらにはレイプすると脅し、殺してからもまたレイプしてやる、などという脅迫メールを送った。成人向けではない穏やかな脅しに『お前の汚れた血が流されるまで我々は心が休まることがない』なんていうのもあった」とベイカーは書いている。[*70] この「男の醜さ」が再び強烈に現れたのが、二〇一六年の大統領選挙だった。アメリカ初の女性大統領ヒラリー・クリントンが誕生する現実的な可能性のあった選挙だ。私はMRAのような考え方が、女性差別主義者のドナルド・トランプの大統領就任を後押ししたにちがいないと、死ぬまで信じている。

MRAが、「男性の自殺率を下げよう」「家庭裁判所により一層の公正さをもたらそう」「少年と男性のために声を上げよう」などと主張しているのは、ちゃんちゃらおかしい。現実は、単に女性を黙らせようとしているだけなのだ。家父長制がもたらすネガティブな社会の力をさらに強化することによって、女性を黙らせたいのだ。MRA、ビル・グラハム・ルールの熱心な信奉者、インセル（不本意な禁欲者）といったグループは、魔法のようにどこからともなく突然現れたわけではない。ジェンダー偏見がもたらした必然的な結果だ。男の子たちが、女性を侮辱するポルノのようなものにさらされたり、メディアが家父長制度的な価値観を強化するメッセージを流したり、親が少年たちとジェンダー偏見や有害な男らしさについて対話を怠ったりした結果なのだ。

他者を中傷することによって自分の評価を上げることはできないし、このような鬱積した怒りや憎しみや暴力は、だれの役にも立たないということを、男の子たちは知る必要がある。「(男性を) 助ける」ということが、女性を中傷したり、レイプされろと願ったり、口にペニスを突っ込んで女性を黙らせたりを意味するのなら、それは大間違いだ。MRAの成人男性の考え方を変えるのは不可能とは言わなくても、非常に困難だろう。だから少年たちがあらゆる平等を重んじられるような基礎作りを幼い頃からしておくのが親の義務なのだ。セックスに関して女性には何の義務もないと教えよう。不公平や偏見はだれに対してもあるものだけれど、アメリカ社会では白人で異性愛者の男性のほうが、女性 (または非白人やLGBTQ+の人など) よりもはるかに有利だという単純な事実をまず彼らに理解させよう。子どもにその知識が備わったら、そこから、より多くの理解、より多くの対話、そしてより多くの受容が生まれるように、社会を前進させる大切さを教えていこうではないか。

「自分vs相手」というメンタリティや、孤立や、反動を恐れることが答えではない。答えとなるのは、平等やコミュニケーションや自己教育を深めることだ。相手を尊重する良識のある人間になるのはさほど難しいことではない。女性、ゲイ、非白人、トランスジェンダーの人たち……男の子はもっと多くの多様な人たちと交流すべきだ。自分と同じ外見ではない人と交流することで計り知れないほどの知識が得られるということを、少年たちに知ってほしい。そしてそうした交流が、恐れではなく信頼に基づいたものであるよう願っている。ビリー・グラハム・ルールは、私たちをさらに分断し、壁で隔てるものだ。もう壁の話は飽き飽きだ〔トランプ前大統領がメキシコとの国境に壁を建設すると言い続けたことを指している〕。

ヒント 32

子どもを叩いてはいけない

私は子どもの頃、親からあまりお尻を叩かれたことがなかったし、ましてやベルトや鞭で打たれたことなどなかった。しかし、当時の子どもがそうであったように、いつも、お仕置きを恐れていた。私がお尻を叩かれたのは幼い頃だけで、その原因は弟との喧嘩や、車道に飛び出そうとしたことや、ああ、それから一度、悪態をついて叩かれたこともあったっけ。親にお尻を叩かれるのは、マイク・タイソンとリングで向き合うような恐怖だったが、でも実際は、お尻を平手で叩かれるだけなので、身体的な痛みより、精神的な痛みのほうが大きかった。私も自分が親になったら、「お尻ペンペン」を子育てテクニックの道具箱に加えて、必要なら使おうと思っていた。だって、「私はお尻を叩かれて、まともに育ったのだから！」

「お尻ペンペン」は長男には効果的だった。片手で数えられるほどの回数しかなかったが、常に効果があった。まだ彼が幼児だった頃、犬の飲み水を入れたボウルの中に立ったままコンセントのカバーを外そうとしたことがあった。それを見た瞬間、感電の恐怖が襲ってきて、大急ぎで彼をボウルから引っ張り出して、考える間もなくお尻を叩いていた。感電するのではと恐ろしかったのだ。長男は二度と同じことをしなくなり、私は「お尻ペンペン」を効果的な子育て兵器の一つだと確信した。

ところが、この話を当時のネットの子育てグループと共有すると、驚いたことに否定的な反応が寄せられた。グループの親の中には、お尻を叩くのは子どもにとって明らかに有害だということを明確に示す、権威ある研究へのリンクを貼ってきた人たちもいた。

二〇一二年のアメリカ心理学会の発表した記事では、次のように述べられている。「お尻を叩いたり、殴ったり、その他にも痛みを与えるような身体的な折檻は、子どもの攻撃性、問題行動、身体的外傷、メンタルヘルスの問題などの増加に繋がる可能性があると多くの研究が示している」。この記事の中でアラン・カズディン博士（エール大学育児センターの児童行動クリニックのディレクター）はこう言っている。「お尻を叩くのは効果がない。望まない行動を罰によってやめさせることはできない。体罰が必要ないことは研究によっても示されている。効果的なテクニックを放棄しろと言っているのではない。体罰とは意味のない恐ろしいことでしかない、と言っているのだ」[*71]。同じ記事の中で、サンドラ・グラハム＝バーマン博士（ミシガン大学の心理学科教授で、児童への暴力とトラウマ研究室の主任研究員）も、「叩かれる恐怖心を子どもに瞬時に植え付けることによって問題行動を一時的にやめさせることはできても、体罰に長期的な効果はない。多くの場合、子どもをますます攻撃的にするだろう」と述べている。さらには、国連子どもの人権委員会も二〇〇六年に、体罰は「子どもに対する合法化された暴力」であって、どんな場合でも撤廃すべきだという指令を出している。[*72]

私はこうした研究を読み、専門家の忠告や、「お尻ペンペン」以外のしつけ方法が称賛されていることも知った。それでも私はまだ「お尻ペンペン」を育児レパートリーから削除するのを三つの理由から拒絶した。一、それが子どもを傷つけるとは思えない。二、「お尻ペンペン」されない子は甘やかされて無礼で生意気な子になる。三、ウィルには効果的だったのに、「専門家」は何も分かっちゃいない！

しかし、次男サムが生まれた。

サムは最初から問題行動を起こしてくれる子どもだった。典型的な真ん中っ子と言える。長男のような沈着さや思慮深さはなく、それを好奇心と軽率さと気性の荒さで補っているような子だった。サムはしてはいけないことなら何でもした。私たちは最終的に「お尻ペンペン」にたどり着くまで、通常の方法をすべて試してみた。リダイレクト〔子どもの気持ちに寄り添い、落ち着いたら問題を解決するテクニック〕、好ましい方法を褒める「正の強化」、気をそらしたり、「ご褒美」でつってみたり、タイムアウト法を試したり、それこそ何でもやってみたが、どれも役に立たなかった。ある日、何千回目かに、サムが愛犬の毛を引っ張ったり、足をつかんだり、馬乗りになったりしているのを見かねて、「やめなければ『お尻ペンペン』するぞ」と脅した。それでもやめなかったので、約束通り脅しを実行に移した。その後に起きたことは死ぬまで一生忘れられない。サムはびっくりして目を見開き、私を見て、何も恐れることなく「痛くない！」と言い放ち、再び犬を痛めつけ始めた。しかも今度はもっと激しく！　時間が経つにつれて、私はもっと強く言わなければ状況が悪化すると勘違いし始めていた。そこで、今度は「本当に痛くなるまでお尻を叩くぞ」と脅したが、サムの行動は悪化する一方だった。私は、お尻を叩いたことが、むしろ彼をより攻撃的で、かたくなにしたのだと気づいた。ウィルなら一度お尻を叩けば済んだ。でもサムの場合は？　サムはまったく異なるものだった。この日、私は初めて当たり前のことを学んだ。子どもは一人ひとり違うのだから、同じようには育てられない、ということを。

それから少し経って、サムが兄弟や、時には友だちを叩こうとするのを見て、刺激に対して身体的な荒々しい反応をするのがサムにとっての普通だということに気がついた。その後、彼にADHDとODDがあるという診断がつき、医師からサムをどう育てているか、長々と質問された。もちろんその中には、彼を叩いたことがあるかという質問もあった。私がおずおず肯定すると、それがいかに悪いことかと医師からレクチャーされるはめになった。その理由はすでに文献をあれこれ読んでいたので、当然知っていた。ただあえてそれを無視していたのだ。無視していた理由は、自分自身の育てられ方や、乗り越えようと努力してもまだ捨てきれていなかった「有害な男らしさ」のせいだった。息子を叩いて、生意気な子にならないようにしなければ、ホンモノの父親とは言えないと信じ込んでいたのだ。

自分がいかに愚かだったか、思い出すと今でも涙が出る。息子たちが、ゆくゆくは残忍で攻撃的な世界に放り込まれることが重々分かっていたのに、それに加えてお尻を叩くなんて。「お尻ペンペン」は別ものだし、悪くないと、なぜか思い込んでいたのだ。根拠もなく、少年たちがさらされる他の暴力とは違うと思っていたわけだ。サムは、攻撃が攻撃を生むことの証人だった。それに、世界で最も信頼できるはずの大人に叩かれても子どもには何の得もない。顔や体を拳で殴るのではなく、平手でお尻を叩くのなら構わないし、何の問題もないはずだと、私は愚かにも考えていたのだ。でも今その「理屈」を振り返ってよく考えてみるとぞっとする。しかし、当時の私のように、何百万人もの良識ある親が「お尻ペンペン」を問題と思わず、むしろ責任ある育児法だと考えていることも確かだろう。

ここで一つ質問だ。あなたが家の外に出て、道で出会った一人目の人のお尻を叩いたら、どうなると思う？ そう、答えをバラすと、警察に通報されて暴行罪で逮捕されるだろう。たとえその人が大声を出す不愉快な人だったとしても関係ない。人を叩いたら代償を払わなくてはならない。他人を平手打ちするのが犯罪なのに、子どもを叩くのはそうではないのか？ 答えはもちろん、ノーだ。

男の子なら何でも暴力で解決するのが普通だと思われているような世界で、お尻を叩く体罰は有害なマッチョイズムを無駄に増長させるだけだ。私はもうその片棒を担ぎたくない。私も妻も末の息子を叩いたことはないし、もう決してどの子も叩かない。実際、私は上の二人の息子に謝った。「パパが間違っていた。もう決してそんなことはしない」と。男は完全無欠ではないし、非難を免れるような権威者でもない。人に対して過ちを犯したら、素直に認めて謝るべきだ。私はそういう行動のお手本を示したい。

子どものしつけの解決策を見つけたなどと、涼しい顔で言うつもりはない。だって未だ見つからないのだから。ご褒美リスト、タイムアウト法、労働、正の強化、リダイレクト、物を取り上げてみたりもした。専門家が推奨することなら何でもやってみた。効果は微妙だった。うまくいかない時は別の方法を試した。それでも、もう叩くことはしない。それがいい考えだと思っていたことを後悔している。まだ体罰を支持している人には考え直してほしい。叩かなければ子どもは悪さを続けるかもしれない。でも、少なくとも親がそれに加担することはない！

ヒント 33

騎士道精神の問題点

視野を広げようとフェミニストのサークルに頻繁に出入りするようになった頃、騎士道というテーマが私にとって大きな障害となり、恥ずかしいつまずきポイントとなった。

騎士道とはもともと、中世の騎士が女性に対してかいがいしく、さっそうと行動するための掟で、周囲の多くの男性同様、私もそれを信じるように育てられ、デートシーンにも適用してきた。車のドアを女性のために開け、テーブルについたら彼女のために椅子を引き、**常に**ディナー代を払い、彼女の腰に軽く手を当てて先に部屋に通し、彼女が帰る時はドアのところまで送っていく。外でもドアを開けるのは男の役目で、道路で並んで歩く時は必ず車道側を歩くこと……これらは交渉の余地のないルールとして教えられてきた。疑いもしなかった。だって、疑う必要がないし、いいことだし、親切なことだし、立派なことではないか。私を含めて多くの男性が騎士道とは「どうぞ」とか「ありがとう」とかのような基本的な礼儀と同じように必要だと信じて育った。いいマナーに反対する人なんて、いるはずないし。

私は二〇一一年八月にウェブサイト『グッドメン・プロジェクト』のゲストコラムに、騎士道精神を称え、マナーを守らない人をこきおろすような、今となっては実に残念な記事さえ書いたことがある。今読み返すと身が縮む思いがする。当時を振り返って自分の無知さ加減と、どれほど間違っていたかに気づき、言葉にならないほどつらい。私の書いたくだらない話がいつまでもネット上を漂っているなんて、嫌でたまらないが、それもまた私のたどった旅なのだろう。私の馬鹿さ加減を少しご披露しよう。「男性が無作為に女性のためにドアを開けたり重い食料品を車まで運ぶのを手伝ったりすることが、女性のあなたが男性に抱く最大の問題だと言うのなら、私はそんな苦言は聞きたくありません。映画『ア・フュー・グッドメン』でジャック・ニコルソンが言ったように『ただありがとうと言ってくれれば、それでいい』のです。……日常的に女性のためにドアを開け、地下鉄で見返りなど求めずに女性（と一部の男性）に席を譲る人間として、私はそんな馬鹿げた考え方をやめてほしい。常識的な礼儀はよいことですし、マナーも重要です。それを保っていけばいいではありませんか[*73]」

しかし、私のそんな意見は即座に批判を浴びた。初めは批判されるのがとてもつらく、正直言って、騎士道精神に反対する人がいるなんてまるで理解できなくて混乱していた。しかし寄せられたほとんど同じ内容の反応に、次々に目を通していくうちに、間違いに気がついたのだ。

騎士道の問題はそれが「ジェンダー化された礼節」に根ざしていることだ。騎士道精神を守る人は特に、ほぼ女性に対してだけ礼儀を尽くし、通常それによって見返りを得ようとしているのだ。私の記事に反論した人たちは、多くの女性が子ども扱いされたと感じていると指摘していた。男性に駐車場まで送ってもらったり、ドアを開けてもらう必要があると決めつけられたりするのは、女性には力も主体性もないと言われているようなものだと言うのだ。それに、私がしていることは、自分の家父長制的な価値観を、騎士道精神など望んでも欲しがってもいない女性たちに押し付けていることだという指摘もあった。最終的に立ち直れないほどの打撃となったのは、ある人からネット上のディスカッションで「あなたは自分を紳士だと思っているのか」と聞かれたことだった。私が、そうだと答えると、「女性が払いたいと思ってもディナー代を払わせなかったり、女性が自分でドアを開けようとしてもそれを許さなかったりすることの、どこが紳士的なのか」と突っ込まれた。望まれない騎士道精神は、女性の視点や希望をすっかり無視するものだったのだ。

結局私が息子たちに説明したのは、重要なのは思いやりであり礼節であって、性別の問題ではないということだった。男性、女性、子ども……相手がだれなのかは関係ない。性別によって、相手が必要としていると勝手に決めつけるのではない限り、人のためにドアを開けてあげるのは、いいことなんだ。夕食代を払えば感謝されるだろう。でもそれも、ごちそうしようとしている相手が納得していればの話だ。夜遅く駐車場に行くのや、一人で歩いて家に帰るのが不安そうな女性には、一緒に行こうかと尋ねて、「そうしてほしい」と言われたらそうすればいい。でも「けっこうです」と断られたら、騎士道を押し付けてはいけない。彼女に必要ないと断られているのに無理強いするのは、相手の主体性を奪うことに他ならないのだ。

でも誤解しないでほしい！　私はマナーや思いやりのない世界にしようと言っているのではない！　それに私は、女性は何でも自分でやりたがっているとか、助けを喜ばないとかと言っているわけではないんだ。そんなことじゃないんだ。言いたいのは、成人の男や少年が、騎士道的な行為によって何か見返りを求めているかどうかに、気づくべきだということ。それによって、女性を気まずい立場に追い込むかもしれない。「騎士道を守ってもダメ出しされる、守らなくてもダメ出しされる。いったいどうすればいいのか」と文句を言いたくなる男性もいるだろう。それは、まさに私が『グッドメン・プロジェクト』に書いた記事のタイトルだった。それが二〇一一年の自分だった。しかし、男たちは、紳士になるか、はたまた、クソみたいな男になるかのどちらかを選ぶ必要などない。その中間にいくつものチョイスが見つかるはずだ。

親切にすることはそれ自体が報酬であり、思いやりのある親切な行為をしてもポイントがたまって賞品がもらえるわけでもないと、男の子たちに教えよう。報酬――特にそれがセックス――を求めるのではなく、それが正しいことだから親切にできる、そんな子どもに育てよう。女性はセックスをする義務などまったく負わされていない。女性にどれほど食事をごちそうしようと、いくつもドアを開けてあげようと、彼女を暖めるために自分の上着を何枚脱ごうと、そんなことは関係ないのだ。ジェンダー化された礼儀は、礼儀とは言えない。いつでもカギとなるのはコミュニケーションだ。もし女性が自分の食事や飲み物代を払いたいと言ったら、彼女の意思を尊重して、男友だちと割り勘するようにすればいいのだ。どうしていいか迷った時は、相手の希望を聞いて尊重すれば間違いない。それを男の子のデフォルト設定にしようではないか。

ヒント 34

お金がすべてではないことを男の子に教える

私はお金に対する考え方や、お金と男らしさの関係について常に悩んできた。それが結婚生活にネガティブな影響を与えるほど深刻な問題になったことさえある。この章を書き始める直前に、その問題がまた出現した。でも今度の問題には子どもたちが関わっていた。

私は子どもの頃から、父親がお金に夢中だったことを知っていた。父は子ども時代のほとんどを母子家庭で育ったため、いつもお金がなかったのだ。父は、自分に子どもができたら子どもに不自由させないと誓っていた。そしてその誓いはほぼ守られた。私が生まれたのは両親が二十代前半の時で、二人とも大学教育を受けていなかった。私が赤ん坊の頃、母はマクドナルドのマネージャーとして働き、父はステンレススチールの会社を起業する手伝いをしていて、今でもそこで副社長として働いている。私が十歳になるまで一家はボロ家に住んでいた。その頃、父は**四六時中**仕事をしていたので、ほとんど父の顔を見た覚えがない。新しいビジネスをパートナーと一から始めようとしていたのだ。仕事をしていない時の父は、私たちの住んでいたマサチューセッツ州の小さな町で、選挙で選ばれたり任命されたりした様々な役割に忙殺されていた。子どもの成長期に関われなかったという事実に父が苦しめられていたことは、幼な心にも分かっていた。

リトルリーグで初めての柵越えホームランを打った時も父はいなかった。そこで私たちは試合後、父が理事として会議に出席していた市役所まで車で行って、会議中の父の注意を引いて「**ホームラン**」と唇の動きだけで伝えた。父は椅子から飛び上がって私の所までやってきて、涙を流しながらハグしてくれた。一緒にいられないことを父はいつも私たちに謝っていた。家のローンを払い、家族の食料や洋服を買うために働き続けなくてはならなかったのだ。

新しい大きな家に引っ越した時、父はとても誇らしく、うれしそうだった。寝室が二つと寝室に使える小さい部屋も一つあったので、私と弟は同じ部屋で寝なくてもよくなった。前の家にはバスタブしかなかったが、新しい家にはシャワーもあった。新居に一番乗りしたのが（私たちではなく）引っ越し記念に父が買った五十インチの大画面テレビだったのをよく覚えている！ 父は達成感を感じていたと思う。一家の大黒柱ならだれもが目指すもの——家族を育てるちゃんとした家を手に入れたのだから。唯一の問題は大きい家には大きなローンがついてくることだった。父はさらにもっと働かなくてはならなくなり、母は世界一のスーパー主婦として家族のために尽くしまくった。

高校卒業を控えた私が大学入学準備をしていた頃に、家族で行ったキャンプ旅行は生涯忘れられない思い出だ。そこで父が私に語ったことが完全に理解できたのは、人生のずっと後になってからだった。一家の稼ぎ手としてのストレス、やらなくてはならないことが多すぎる苛立ち、職場の上司のこと、などについて打ち明けてくれた。男として払わなくてはならない犠牲や、家族に必要なものを稼ぐために子どもたちの成長を見守ることができなかったことを、涙ながらに語った。そして、「やっとお前がおもしろい人間になって、一緒にいて楽しい存在になったと思ったら、もう大学に行ってしまうんだな」と、冗談めかして嘆いてみせた。私はもうすぐ家を出て大学に入ることになっていたのだ。当時の「十代の私」は彼の言わんとしていることを完全には理解できなかったが、今の「大人の私」には、彼の苦しみが、いやというほど分かる。私も同じように喪失感や無力感を感じることがあるから。

初めて妻ＭＪに会った頃、私は父の会社で営業職として働き、雀の涙ほどの給与を得ていた。一方、彼女は大銀行バンク・オブ・アメリカの超有名マネージャーとして、バリバリ稼いでいた！　全国支店の上位一パーセントのトップマネージャーとして、たっぷりのボーナスだけでなく、バハマ諸島旅行のご褒美も勝ち得ていた。彼女の給与は私の倍以上だった。そしてバカバカしいことに、それが私にとって厄介な問題だったのだ。

友人たちはＭＪを私の「シュガーママ〔ヒモを囲う女〕」と呼び、「小遣いもらっているのか？」と私をからかった。彼女ほど美しくて成功している女性がどうして私のような、大した給料も稼げない男を選んだのか、とあからさまに聞くのだ。表向きはパンチを甘んじて受け、からかいにも耐えて、自分を「ヒモ」と蔑み、飲みに行こうと誘われると冗談めかして「ボスから許しを得なくては」などと言ったものだった。自分は、妻のほうがより成功して稼ぎが多くても気にしない、進歩的で近代的な男なのだと、自分に言い聞かせていた。今の状況に問題などないという演技をしていれば「そのうち問題がなくなるかも」しれないと、自分と周囲を納得させようとしていたのだ。

ところが二〇〇七年から二〇〇八年の不況でＭＪは仕事を失った。新しい職に就いたものの、以前よりレベルダウンした。さらに彼女が体調を崩して仕事を続けられなくなったため、突然お金が大問題になった。その当時の私は新聞社のレポーターになっていたが、営業職の時よりもさらに収入が少なかったので、新しい職を探し始めた。ボストン近郊の会社でコンテンツ・マネージャーの仕事を見つけて、給料が新聞社の倍になると分かった時、心臓が飛び出るほどうれしかった。有頂天になった。しかしそれは、「ああやっと、期限までに支払いができるようになるし、MJは仕事に戻らないで体調を取り戻すことに集中できるし、家族としてしっかりサバイバルできるようになった」というような喜びではなかった。私には、強烈な感情を込めて叫ぶ自分の内なる声が聞こえた。「やったぜ！　やっと妻より稼げるようになった。俺はホンモノの男になったんだ！」

そんな気持ちになったことが嫌だった。その時ですら嫌だと思っていた。マッチョな、アホみたいな、まるで堕落した考えだと思った。ここに書いているだけでも恥ずかしい！　でも本当のことだから認めざるを得ない。給料小切手と一緒に、「男らしさ」を食卓の上に広げて見せびらかしたい、というまるで原始的なネアンデルタール人レベルの衝動に駆られたんだ。今は「男カード」など大嫌いだが、その時の私は、だれかが私に「男カード」を授けに来てくれればいいのに、などと思っていた。私の親族の男たち（生死を問わず）がこぞって、葉巻の煙がもうもうと立ち込める部屋からウイスキー片手に出てきて、私と握手を交わし、私の背中を叩きながら「男性クラブ」に迎え入れてくれる妄想を抱いた。妻の収入のほうが多くても平気だと言っていた見せかけの私は、まやかしだった。自分にウソをついていたのだ。妻より収入が多くなったとたんに安堵した。でもそれは戸惑いと不安の伴う安堵だった。

息子たちには、いや、**すべての男の子に**、決してそんな気持ちになってほしくない。あんなプレッシャーは有毒で、最終的にはネガティブな形になるだけだ。妻は、私と私の業績をいつも心から誇りに思ってくれている。それは、私が十年も経験があるのに年俸三万四千ドルしか稼げなかった三十二歳の新聞ジャーナリストだった時でもそうだった。一方、私も妻と彼女の業績を誇りに思っていたが、それは純粋なものでも心からの気持ちでもなかった。どんなに取り繕ってみても、妻の成功をすごく妬んでいたのは明白だ。彼女が失業して、給与の安い他の銀行関係の職に就かなくてはならなくなった時、実を言えば、私は心のどこかで喜んでいた。二人の関係が少しばかり、五分五分に近づいたと感じたから。家計を保つための収入が減ったにもかかわらず、どこかに喜ぶ気持ちがあったなんて！　なんと馬鹿げたことか！　ただ単に脆弱な男のエゴによって、女性が自分より稼いでいることを受け入れられなかったのだ。そんな気持ちは怒りを誘発するだけでなく、なんとも哀れだ。パートナーの成功を喜べないパートナーは、クソみたいなやつだ。それに気づいてからというもの、私は彼女に報いる努力を続けている。

息子たちの将来のパートナーがだれであっても、お互いに利己心や恥辱感をもたずに完全に支え合ってほしいと願っている。そして彼らの生活がいかなる経済状態であっても、「男として」十分な収入を得るべきなどという思い違いに惑わされることなく、自分たちの成功を誇りに思ってほしい。毎月家庭に持ち帰る給料の額など関係ない。パートナーも自分も、同じように尊重してほしいと強く願っている。

と言いながらも、息子たちに、ある意味で給料が絶対的に重要であることも知ってほしい。特に男女賃金格差について考えてほしい。

ペイスケールのデータ「二〇一九年の男女間賃金格差の状態」によれば、総体的な男女間賃金格差は、男性の一ドルに対し女性は七十九セントに留まっている。同じような仕事に就く男女の賃金格差を見ても、男性の一ドルに対して、まったく同等の資格をもつ女性の賃金は九十八セントとなっているのだ。[*74] 男の権利を訴える主唱者や女性差別主義者は、「男女間の賃金格差など存在しない、女性の稼ぎが少ないのは子どもを産むために多くの休暇をとるからだ」と世界が終わる日まで言い続けるだろうが、そんなくだらない理屈は通らない。女性は男性より賃金が低い！ それが現実なのだ。

二〇一九年にアメリカ女子サッカーチームがワールドカップで一九九一年以来四度目の優勝を果たした時のあの輝かしさ！ それに比べて男子は、女子が四度も優勝している間に、準々決勝にたった一度、ベスト16にも四度しか進出できていない。それなのに、アメリカ女子サッカーチームの選手たちが起こした訴訟によれば、ワールドカップで女子選手が挙げた多くの業績にもかかわらず、男子選手とでは過去の報酬額に顕著な違いがあったというのだ。訴訟によれば、二〇一五年大会で優勝した時の女子選手の合計報酬額が百七十二万五千ドルであったのに対し、男子選手は二〇一四年にベスト16に残っただけで、五百三十七万五千ドルもの報酬を得ていた。しかも女子チームが国中を沸かせ、世界中の強豪チームと闘い、自国の（当時のトランプ）大統領からの攻撃を払いのけている間に〔二〇一九年女子ワールドカップ前に、ミーガン・ラピノー選手がチームが優勝しても『クソホワイトハウスには行かない』と発言しトランプを激怒させた〕、男子チームは二〇一八年にロシアで開催されたワールドカップで予選すら通過することができなかったのだ。

私たち親は、男女間賃金格差について、子どもたち、特に男の子たちと率直に正直に話し合うべきだ。運がよければ、息子たちが平等のための闘いに参加するモチベーションとなるだろう。このような闘いに女性だけで挑むのは理想的ではない。それはいくら強調してもしすぎることはないだろう。将来、職場や家庭や社会全般における平等への闘いに手を貸すことができる大人になるためにも、男の子はこうした問題について知ることができるし、知るべきなのだ。なぜって？　それが正しく公正なことだから。

ヒント35
子育てをする時には宗教を見直そう

本書ではここまで政治と銃規制について取り組んできた。三大論争を完結させるためには、宗教についても論じないわけにはいかないだろう。
私は**非常に**カトリック教徒の多い町で、非カトリック信者として育ち、カトリックの女性と結婚した。明らかに平等を唱えていない宗教に、なぜ多くの素晴らしい人たちが関わるのか、私にはまったく理解できない。アイルランドのメアリー・マッカリース前大統領は、二〇一八年三月のBBCの記事の中で、カトリック教会は女性蔑視の最後の大砦だと述べている。[*75] 彼女のその意見に反論などできない！　女性は司祭になれるか？　いや、なれない。女性が、もし自分の身体の自律性を守って妊娠中絶をすれば、永遠に地獄で苦しむことになるとカトリック教会は言うのか？　その通り！　妊娠を避けるために避妊薬を使う女性に対してカトリック教会は思いやりを見せるか？　いや、とんでもない！

カトリック信者の友人、知人、そして私が結婚した相手は今でもカトリックだと自認している女性だ。みんな善良なきちんとした人たちばかりで、普段から平等のために闘い、女性蔑視をなくそうと努力している。それなのになぜ、女性をはっきりと「二次的な存在」と見なし、したがって劣っていると考える宗教にこだわり続けるのか、私には理解できないのだ。いくら自分の属している教会は進歩的なのだと言い訳しても、カトリック教会で司祭や司教、枢機卿や法王になれるのは依然として男性だけだというのが現実ではないか。女性が自分の身体をどうすべきか、どうすべきでないかを指示しているのも男なのだ。しかも、カトリックの男たちは、何十年にもわたって、男性聖職者による信者や修道女に対する暴力的な性的虐待を可能にし隠蔽し続けてきたではないか。やっとその事実を法王が認めたのは、二〇一九年のことだ。同年二月五日の『ニューヨーク・タイムズ』紙のジェイソン・ホロウィッツとエリザベス・ディアスの記事が、フランシス法王がカトリック教会の「司祭や、司教すらが修道女を持続的に性的虐待していた問題」を認識したと報じたのだ。[*76]

もちろんカトリック教会だけの問題ではない。数多くのキリスト教原理主義の教会でも女性は牧師として認められず、福音派のクリスチャンは性的純潔に価値を置き、女性が夫に服従することがきわめて神聖だと考える。こうした考え方は、女が言葉を話す蛇にだまされて禁断の果実を食べてしまい（楽園から追放され）、人類にとってのすべてを台無しにしたという聖書の物語に基づいているのだろうか！　そしてイスラム教であれ、女性蔑視が強固なユダヤ教正統派であれ、女性は多くの宗教からあまりよい扱いを受けておらず、一方で男性は不相応な高い評価を得ている。ところでイスラム教は政治的な理由から多くの人によって誤解されたり誇張されたりしているのも事実だが、ベール着用の義務、離婚についての法律、低い婚姻年齢、一夫多妻制、極端な場合の名誉殺人といった問題があるのは確かだ。良識ある機能的な社会の一員になるように子どもを教育したいのであれば、親は一歩引いて自分の宗教が子どもを育てるのにふさわしいお手本や信条となるのか、問い直してみてほしい。

お察しの通り、私は無神論者だ。でも昔はそうではなかった。カトリックの父とプロテスタントの母によって育てられた私は、リベラルなプロテスタント教会で洗礼を受け、何年も教会の日曜学校に通って堅信を受けた。しかも、なんと聖歌隊で注目すら浴びていたのだ！　ボストン・ポップ・オーケストラとボストン・シンフォニーのメンバーで、コンサートピアニストだった母方の祖母が教会の聖歌隊のディレクターも務めていたので、好むと好まざるとにかかわらず、私は毎週日曜日に教会に行くだけでなく、そこで神を称えて歌っていたのだ。

しかしそのうちに、いくつもの出来事が重なって、私は宗教一般に疑問をもち始めた。まず、福音主義者たちの言葉に戸惑いを覚えた。幼い頃から聖書の物語は、何かを証明するための単なるお話や寓話だと分かっていた。でもそう思っていない人も明らかに存在している。私がすぐに学んだのは、神の言葉を疑うことは教会に向かって屁《ひ》を放るようなものだということだった。最終的には、他の宗教も同じように女性を締め出し、LGBTQ＋の人々を拒絶していると知ったことが、私の信仰という棺桶に最後の釘を打ち込む、とどめの一撃となった。白状すると、私はスポーツに夢中で、教会のミサがスポーツの練習や試合の時間と重なっていたことも理由だった。聖歌隊の衣の下に、サッカーや野球やバスケのユニフォームを着ていたことも数えきれないほどあった。教会にスパイクシューズを履いていったり、試合のためにこっそり抜け出したりする私を叱る祖母の声がまだ聞こえるようだ。

　万人の命の平等を尊重するはずの神が、差別や憎しみもが教会の日常や価値観を支配しているのを許しているのだ。そんな神をあまりにも多くの人が信じているのが、私にはとうてい理解できない。現在でもカトリック教会の公式のスタンスでは、同性愛は罪であり、歴代法王の中で断トツにリベラルなフランシス法王さえも、女性が聖職者になることに反対している。人を性別や性的指向によって差別的に扱うような宗教を信仰することは、平等を求める闘いの助けにはまるでならない。それだけでなく、そういう団体に寄付したり時間を費やしたりすることは差別を可能にしているのと同じことだ。内側からそんな文化を変えようとする人がいたとしても、私自身は問題があることが歴然としている団体に参加することに抵抗があるのだ。

というわけで、子どもたちの宗教をどうするかが、妻と私の過去最大の喧嘩の一つとなった。子どもたちはいろいろな教会のミサに行ったことがあるが、だれも洗礼を受けていない。家族や親戚の中にはそれをひどく気にする人たちもいる。妻は赤ん坊の時に洗礼を受けさせたがったが、私は先に述べた理由から猛反対した。私は息子たちを、束縛されない自由な考え方ができるように育てることを優先してきた。家父長制の差別的な制度に抵抗することによって、有害な社会規範に立ち向かい、周縁化されたマイノリティのために声を上げられるように育てたいのだ。だから私が、最低な加害者だと考える宗教団体に、自発的に子どもたちを入会させるなんて、しかも主体性も選択する力もない赤ん坊の時になど、考えられなかったのだ。子どもたちに洗礼を受けさせたからといって、彼らが最終的に宗教を変えたり無宗教になったりできないわけではないと私にだって分かってはいる。それでも洗礼というものは、私に言わせれば、信仰への加入であり約束であるわけで、違和感があるのだ。

最終的に妻も私も、宗教に関しては、お互いに説教くさくなりすぎたり、偏見をもったりせず、「お互いの人格を攻撃しない」ことで合意した。子どもたちが親戚や友だちとカトリックやプロテスタントの教会のミサに行くことも許したし、彼らが質問をしてきたり興味を示したりするまで待とうということになった。今六年生の長男は、大体において神を信じている。妻の考えも私の考えも知っているが、まだ一つの宗教にコミットするほどではない。ただ、自分より偉大な力の存在を信じるスピリチュアルな子なのだ。それでよいと思う。さて六歳児のほうは、私の影響もあるのだろうが、彼は断固として無神論者だ。どんなことも文字通り解釈する子どもなので、聖書の話はウソっぽくて作り話めいていると言うのだ。彼は感情的知性の高い、強い信念をもった子どもだ。クリスマスプレゼントの代わりに、「プランティング・ピース」という平和を追求する団体に毎月十ドルの寄付をしてほしいと言うような子なのだ。この団体が運営する「イクオリティ・ハウス（平等の家）」はウェストボロ・バプテスト教会の道路を挟んで反対側にあって、私の友人のアロン・ジャクソンが運営している。ゲイやレズビアン、トランスジェンダーのコミュニティを支える活動や、開発途上国の子どもたちの寄生虫の駆除といった活動をしている。

神と宗教がなければ良心への道も、正誤を理解する方法も、善悪の理解をすることもできないと、私は多くの宗教的な人たちに言われ続けてきた。しかしこの子のしていることは、そうした主張に真っ向から反対するものだ。私が育てているのは、組織的宗教などなくても道徳心がもてることを示す生き証人だ。親自身が、深く根付いて制度化された既存の差別的信念の束縛から解放されることによって、偏見や不寛容に惑わされずに基礎から子育てをスタートすることができると私は信じている。

私はだれかを無神論者にしようとしてこれを書いているわけではない（しかし、私が何を言おうとも、それはすでに現実になりつつある。二〇一五年のピュー・リサーチ・センターのアンケートによれば、一九八〇年以降に生まれたミレニアル世代の三四パーセントから三六パーセントが宗教に属していないと言い、これは二〇〇七年にアメリカ人全体の一六パーセントだけしか宗教をもたないと答えたのに比べて、非常に大きな増加だと言える）[*77]。私の願いは、組織的宗教の環境の中で子どもを育てようと考える人には、その宗教が子どもにどんなメッセージを送っているか、本当に注意深く考えてほしいということなのだ。子どもは観察力が優れているし、どんなことでも、たとえば、あなたの宗教が、同性に惹かれることを「罪として憎んだり」、女性が権力をもつことを阻止するように言ったりすれば、子どもはそれを吸収して内在化させてしまうのだ。したがって、差別がなぜいけないのか、そして教会や宗教は完璧ではないということを、子どもに正面から説明してほしい。あるいは、無神論者の仲間入りをしてもいいかもしれないね。

いずれにしても、一歩引いて、あなたが子どもと共にどこに歩んでいこうとしているのか、それについて偏見のない全体的な見方をしてみても、決して損はないだろう。もし子どもたちが、あなたが教会の外で平等や寛容を説くのを聞いても、女性やゲイを差別する宗教にあなたが従うのを目にすれば、それは子どもにとって有害な、混乱したメッセージになりかねないのだ。

結論——失敗という選択肢はない

この章を書き始める少し前に、カウンティフェア〔郡規模のお祭り〕で三十九歳の男が十三歳の少年に抱え投げを食らわせたというニュースを読んだ。国歌斉唱の間に少年が帽子を取らなかったからだという。少年は頭の骨を折られた。[*78] 統計はウソをつかない。少年たちはますます怒っている。男性による暴行はますます頻発し、激しさを増している。女性蔑視も日常的に限度を超えるようになり、これは一部の政治家たちがお手本を見せてくれたおかげだ。あらゆる業界で性的暴行が横行し、セクハラで訴えられた男たちがまだ何人も権力をもち続けている。主に赤い野球帽〔トランプ前大統領のスローガンMake America Great Againをプリントした赤い帽子〕を被った怒れる白人男たちによって、ナチスさえカムバックを遂げている。

私たちは今、男性と社会にとって重要な岐路に立っていると言っても過言ではない。

では私たちはどうすればいいのか？　たった一人で何ができるのか？　この毒の渦の中で、無力感や敗北感に苛まれるような大きな社会問題に、一人の人間が、どう立ち向かえばいいのだろう？　私は言いたい。少年の親であるあなたは、理想的な力をもつポジションにいる。あなたには、社会のくだらない問題に対処するために、地球上で最も大切なことができる機会が与えられているのだ。男の子をよりよい行動をする善良な人間に育てることができるのだから。

ヒント36

男の子を熱心に、何度でも擁護しよう

息子たちと同じ話を何度も繰り返すのは、自分でも、うんざりしている。私の熱弁を聞かせるために、テレビやスマホやタブレットを消させようとすると、息子たちは、あきれた表情を浮かべて横目で睨んだりする。自分でも壊れたレコードになったような最低の気分になる。息子たちが私を無視して、話を聞こうとしない可能性は高い。それなのに繰り返す意味などあるのだろうか？（そもそも子どもというものは親の言うことを真に受けないようにプログラムされているわけだし）

それでも、ウィルが「**ゲイ**という言葉を侮辱として使っちゃダメだよ」と友だちに言っているのを耳にしたり、サムが「だれに何と言われても平気だよ」とまた赤いマニキュアを塗っているのに気づいたり、四歳のトミーですら、だれかが悪い意味で「**女の子みたい**」と言えば堂々と猛烈に反対するのを目にしたりする機会があるのだ。親の影響力には浮き沈みがあるものだが、よい行いの土台を作る力が親にはある。親が準備を整えスクリプトを書き上げたら、子どもはそれを読んで外の世界で実行しさえすればいい。そのためには、親が男の子をこれまでとは違う方法で育てると約束しなければならない。

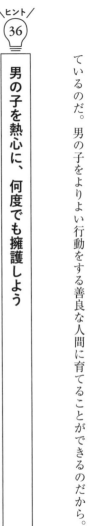

それは、たしかに、疲れることだ。そうじゃないふりなどできない。私たちの家には、学校やキャンプや友だちや親戚からさえも、間違った情報や有害なフェイクニュースが入ってくる。それを訂正し続けるのはまさにフルタイムの仕事だ。でも繰り返し話すことで変化は起きる。子どもを言葉で指導するだけでなく、子どもに真似てほしい考えや行動を親が身をもって示すことも大変重要だ。私が悲嘆にくれていた時に精神的な助けを専門家に求める必要があったということを、子どもたちの前で率直に認めるまでには長い時間がかかった。それを口にするのは、今でもまだ不安でひどく居心地の悪い思いがする。でも、子どもたちに自分の弱さも見せて正直な会話ができなければ、同じことを子どもたちに期待できない。社会から課せられる重荷にどう対処したらよいか分からなくて助けが必要になっても、それを求められないような、怒りに満ちた男のステレオタイプを、子どもたちの世代にも存続させるような危険を私は冒したくない。ただただ「有害な男らしさ」に阻まれて、息子たちが自由に、そして自分らしくいられなくなるなんて、私には耐えられないのだ。

とても少ないレストランのメニューから選ばされたり、たった一局のラジオ局しか聞けなかったりしたら？　そんなことが一生続いたらどうだろう？　もちろん嫌だろう（そんなことになりませんように！）。でもそれが、男の子にとっての「有害な男らしさ」なのだ。他の選択肢があると教えたり、違う視点や様々な多様性に触れさせたりしなければ、男の子は自分で探求したり体験しようとしなくなってしまうだろう。少年たちは、怒りや攻撃や暴力や超マッチョイズムだけでなく、人間らしいすべての感情を経験することが必要だし、またそうする価値が彼らにはあるのだ。社会の意見に反しても、馬鹿げたジェンダーとしての役割や凝り固まった考え方に制限される必要などないと知るべきだ。男が泣いたり、気持ちについて話したりするところを見せようではないか。爪にマニキュアを塗っても、フルタイムで子育てをする父親になっても、人生がつらくて一人では耐えられなくなってセラピストの助けを求めても、それでも、男は男なんだと知ってほしいのだ。

こうした真実を親として教えなければ、男の子たちは社会が男性にあてがう道に、はまり込んでしまう。それがこの問題の核心であり、それこそが変えなくてはならないことなのだ。男らしさのよい面を中傷する必要はないが、よい文化と有害な文化を区別することは必要だ。強さは有用だが、力は有害なことが多い。子どもを守るのは立派だが、差別的あるいは暴力的になるほどの過保護は有害だ。家族を養うのは必要不可欠でも、お金さえ稼げばいいという考えは有害だ。

途方もなく巨大で、数えきれないほど多くの変化を起こさなくてはならないように感じるかもしれない。でも小さな決断が積み重なって大きな変化を起こすのだ。大げさに言って脅そうとしているわけではないが、今私たちは岐路に立たされており、これからの決断が私たちの進む道を左右する。男たちの自死や他殺がうんざりするほど増えている。それを避けようとして助けを求める男は、他の男性や社会から罰せられる。自己成就の予言〔思い込みや期待が行動に影響を与えること〕や、無意味な下降のスパイラルを止めることができるのは、親がよりよい未来のために子どもたちを育てると誓うことなのだ。ポリティカル・コレクトネスの問題でもないし、左派vs右派の政治問題にしてもいけない。ただただ、将来の世代のために正しいことをしようじゃないか。物事をよりよく変えていくためには、不当に閉じ込められている欺瞞に満ちた箱から一歩踏み出せるように、男の子たちに主体性を与えることが必要なのだ。

それができると私は信じているし、小さい規模で実現するのも見てきた。必要な時に助けを求めるという精神にのっとって、私はすべての男の子の親御さんにお願いしたい。社会に大きなインパクトを与えるような小さな変化を起こしてほしいと。

男の子たちの人生が文字通りそれにかかっているのだから。

謝辞

本を書くことが長年の夢でした。でも夢は、自分を信じてくれる人たちや、実現への道を助けてくれる人たちからの大きな支えがなくては、かなえられません。

まずスカイホース出版のみなさん、ありがとうございました。ツイッターの息子のマニキュアについての投稿を見つけて、無名の私にチャンスをくれたことを感謝しています。最初の電話から私を支え続けてくれたエディターのキム・リムさんは、私の頭の中の混沌をこの本にまとめるのを助けてくれました。

ＭＢＴＡ（マサチューセッツ湾交通局）にも感謝しなくてはなりません。毎日職場に向かう電車の中でこの本を書きました。電車は常に遅れて、片道一時間の行程が九十分になることがしばしばありました。そのおかげで私は書き続けることができました。

サムのネイルについてツイッターに初めてスレッドを立てた時、何千人もの人たちがレスを送ってくれました。スレッドをシェアしてくれた人も、わざわざ自分のネイルを塗って、マサチューセッツ州の幼い少年を支えるメッセージを送ってくれた人もいました。この本を書くことができたのは、あなたたちのおかげです。

あまりにも早く逝ってしまった友人のオレン・ミラー君。様々な背景や職業をもつ父親たちを数多く紹介してくれてありがとう。彼らから、よい父親と、よい男になるための、数えきれないほど多くの教訓を得ることができました。彼らのような仲間がいなかったなら、今の私はないでしょう。オレン君ありがとう。癌なんか、クソくらえ！

二〇〇八年に始めたクレイジーなウェブサイト『ダディ・ファイルズ』を支えてくれたみなさん、ありがとうございます。作家は読者がいなければ、何もできません。あなたたちにはいつも、感動させられました。決して忘れません。

とても素晴らしいフェミニストやＬＧＢＴＱＩＡ＋のオンラインサークルに参加できたことは、私の人生にとって最高の出来事の一つでした。ロリ・デイさん、ニック・ノースさん、リサ・ヒッキーさん、マーク・グリーンさん、アンバー・レベントリーさん、ペギー・オレンスタインさん、ブレント・アーモンドさんたちから、大小様々な影響を受けました。どれも有意義なものでした。みなさんと知り合えたことに一生感謝します。

アレックス、ありがとう！　きみは常に正しくて、ぼくがとても、とても間違っていた時に必死で直してくれました。もっと早く気づかなくてごめんなさい。ぼくを見捨てないでいてくれて感謝しています。

弟のネイト。きみは、ぼくの尻を叩いてウェブサイトを始めさせてくれたね。しかもドメインとホスティングの初期費用まで払ってくれた。きみは最高の弟だし、素晴らしい父親でもある。きみには一つ借りができたよ。

両親にも感謝の気持ちを表したいと思います。お母さん、いつもぼくたちと一緒に家にいて、ぼくたちの生活に深く関わってくれてありがとう。たとえば、自らバスを運転して高校のスポーツチームをアウェイゲームに連れて行ってくれたり、高校三年のクラスの演劇監督になって嫌がるぼくを主演にしてくれたり……といったものすごい関わり方だったけどね！　そしてお父さん。ぼくたちが不自由しないように休む間もなく働いてくれてありがとう。それに書くことと物語を伝えることの素晴らしさをぼくに教えてくれて感謝しています。

ウィル、サム、トミーの三人の息子たち。心から愛しているよ。きみたちは、ぼくが学ぶ必要があるとさえ気づかなかった多くのことを教え続けてくれた。きみたちはぼくの人生そのものだし、この本を書いた理由でもある。きみたちは、ぼくたち親を救ってくれる少年だ。

そして最後に妻のＭＪ。きみはぼくのすべて、そして、ぼくの人生に最もポジティブな影響を与えてくれた。ぼくが執筆したり編集したりする時間が確保できるようにしてくれたし、もう投げ出したくなった時にもぼくを立て直してくれた。ぼくが自信喪失した時でもきみはぼくを信じてくれた。きみなしでは、いいことなど何も起こらない。ぼくの成し得たことはすべて、きみのおかげだ。これまで以上にきみを、馬鹿みたいに愛し続けるよ。ぼくにチャンスをくれて心から感謝してる！

訳者あとがき

私たちは日常的に、男性・女性に期待される性規範に縛られています。縛られているのは必ずしも女性だけではありません。最近言われるようになった「有害な男らしさ（Toxic Masculinity）」とは、「男なら泣くな」「弱音を吐くな」のように、男性をも束縛する有害な性規範です。

フェミニズム、ジェンダー、性規範、セクシュアリティ、ノンバイナリーといったテーマの本が数多く出版され、「有害な男らしさ」という言葉も少しずつ浸透してきました。本書がユニークなのは著者が子育て中の父親であること、自分自身も子どもが生まれるまでは無意識のうちに「有害な男らしさ」を実践していたということです。男性による「有害な男らしさ」の本ということで、アマゾンなどでも非常に大きな反響がありました。著者アーロン・グーヴェイアは自らをクレイジーなフットボール馬鹿と認める一見典型的なアメリカ男子ですが、彼が取り組んでいるのはジェンダー規範を超える子育てで次世代の男性像を変えよう、「有害な男らしさ」から男の子たちを解放して、より良い男性として育てようと、世界中の親に呼びかける壮大な試みなのです。

本書には読者を惹きつける絶対的な説得力があります。それは「酒を飲んだことのない人が書いた禁酒の本ではない」ということ。著者が典型的なアメリカ男子として育つ過程で、多くの間違いや思い違いをしてきたことをオープンに語っているからです。

主要メディア『CNN』からは「より良い男の子を育てるための険しい旅路のハンドブック」と称され、『ワシントン・ポスト』紙からは「(自らの)正直な失敗、確かなリサーチ、そしてSNS炎上を反映させた魅力的な指南書」と評されています。またアマゾンの読者レビューは今現在で百七十五件にも上り、そのほとんどが好意的な五つ星や四つ星で、驚くことに女性より男性によるレビューが目立ちます。「俺にとって究極のウェイクアップコールになったよ」「ぼくたちが縛られてきた馬鹿げた重荷を取り除いてくれてありがとう」「男の子を閉じこめている箱……何度も頷きながら読んだよ」といった男性読者によるレビューが次々に目に飛び込んできます。一方で「何でもトランプ大統領のせいにするな」「男らしさのどこが悪いというのか!」「政治や#MeTooなんて関係ない」といった酷評もいくつか見られます。ここにもアメリカ社会の分断が現れているようです。

そもそも生物学的性別=ジェンダーという考えが固まったのは、たかだか数百年前、十七~十八世紀のヨーロッパの啓蒙時代だったといいます。この時代に起きた大規模な社会的、経済的な変化によって、ジェンダーを明確に区分することが必要になったのです。性別もジェンダーも、どちらかに決めつけるものではなく、もっと自由に考えていいのではないかと思うし、性別で区別する現代の子育てにも疑問が生じます。男の子のベビー服はブルー、女の子はピンクという思い込みがあり、乳児室で生まれたての赤ん坊が被せてもらう帽子も色分けされています。幼稚園児になる頃には、男の子は「乱暴で力が強い」、女の子は「優しくてデリケート」というようなステレオタイプが子どもに課せられ、「男の子だから泣いちゃダメ！」「女の子だからもっと優しく」と家庭でも学校でもジェンダーの役割が植え付けられ始めます。子どもにとって（いや、赤ん坊のときから！）必要なのは、一人の個人として育てられることで、「男の子」「女の子」としての役割にはめ込まれることではないのではないでしょうか？　ジェンダーにこだわらない育て方というのは、無理なのでしょうか？　それをしようと呼びかけているのが本書の著者なのです。

本書で少し触れられている剃刀メーカー「ジレット」が「We Believe」と題した「有害な男らしさ」に挑戦するコマーシャル動画によるキャンペーンを展開したのは二〇一九年一月十三日のことでした。ジレットの三十年来のスローガン「最高を、男の手に（The Best a Man Can Get）」を、「ぼくたちはベストな男たちになれる（The Best Men Can Be）」に置き換えた一分四十九秒の動画では、少年同士のいじめ、女性へのセクハラやからかい、会議で女性をさえぎって発言する男性、そしてバーベキューグリルがずらりと並ぶ前で腕を組んだ男たちが「男の子だから仕方がない、男はいつまで経っても男の子……（Boys will be Boys will be Boys will be Boys...）」と連呼する姿を「有害な男らしさ」と批判し、こんなナレーションが入ります。「男が手に入れられる最高のものは、こんなものなのか？　もうこの問題から隠れることはできない。古い言い訳で笑い飛ばすこともできない。……ぼくたちは男性のベストを信じている。……今日、ぼくたちを見ている少年たちが、明日の男たちになるのだから」

この動画は大きな議論を呼びました。「たかが剃刀を買うのにいちいち説教されたくない」と不買運動まで起こり株価も下がったといいます。動画がアップされて三日目までにユーチューブで千二百万回も再生され、あっという間に「最も嫌われる動画第一位」にもなりました。しかし同社は、口先だけでなく、それからの三年間、年間百万ドルを非営利団体に寄付すると発表しました。二〇一九年五月には、新たな広告「初めての髭剃り」を発表しましたが、これは父親がトランスジェンダーの息子に初めて髭剃りを教えるという内容でした。二〇二三年現在、ジレットのウェブサイトにはこんな言葉が記されています。「若い男性にはロールモデルが必要だ。(彼らが)感情を共有し、他者のために声を上げ、自分の望む道を進み、自分の外見に誇りをもてるようになるために」

うちには二人の息子がいます。子育てをするにあたって夫婦で決めたことがありました(というか、私が一方的に決めた感がありましたが、夫も息子たちが成人した今日までそれを守り続けてくれています)。それは、「男のくせに」「男の子なんだから」という言い方は決してしないように、という約束です。なによりも感情的知性が育ってくれればと願いました。悲しい時には泣く、うれしい時には笑う、腹が立ったら怒る。そして人の気持ちを思いやる。その結果、二人の息子はちょっと泣き虫の大人になったかもしれません。でも、つらい時にはつらいと、悲しい時には悲しいと、恥じることなく言える大人になったような気がします。それが現代の社会を生き抜くのに必要な技なのかどうかは分かりませんが、著者の言うように、きっと次世代の男性像を変えることには繫がるだろうと思います。私が息子たちに何か与えられたとすれば、そのことだったかなと思うのです。

アメリカに来た当初、私は男性がドアを開けてくれたり、椅子を引いてくれたりすることに一々感激していたものです。たしかに気分がいいものです。でもそれが、家父長制が裏に潜む「騎士道」だったということには、著者アーロン同様、気づきもしませんでした。でも、だからと言って無理やり男性の前に飛び出して自分でドアを開けようと意固地になる必要はないかもしれません。そうした親切とされる行いは、男女を問わず人同士がお互いを思いやるための潤滑油だと思えばよいでしょう。ジェンダー平等の振り子を右や左へと大きく揺らし過ぎないようにすることも大切かもしれません。この世界は男女バイナリーではなく、多様なジェンダーの人々によってできているのですから。

上田勢子

カリフォルニア州にて

Abused by Priests and Bishops," *New York Times*, February 5, 2019, https://www.nytimes.com/2019/02/05/world/europe/pope-nuns-sexual-abuse.html

*77 Michael Lipka, "Millennials Increasingly Are Driving Growth of 'Nones'," *Pew Research Center*, May 12, 2015, https://www.pewresearch.org/fact-tank/2015/05/12/millennials-increasingly-are-driving-growth-of-nones/

*78 Chris Boyette, "Montana boy body-slammed for not removing hat during National Anthem, authorities say," *CNN*, August 8, 2019, https://www.cnn.com/2019/08/08/us/national-anthem-boy-assault-montana/index.html

October 9, 2016, https://www.bbc.com/news/election-us-2016-37595321
*62 Bridget Read, "Christine Blasey Ford Speaks About Personal Security Costs Post-Kavanaugh Hearing, Pledges Leftover Donations to Survivors," *Vogue*, November 27, 2018, https://www.vogue.com/article/christine-blasey-ford-go-fund-me-donations-trauma-survivors?verso=true
*63 "Statistics About Sexual Violence," *National Sexual Violence Resource Center*, accessed September 15, 2019, https://www.nsvrc.org/sites/default/files/publications_nsvrc_factsheet_media-packet_statistics-about-sexual-violence_0.pdf
*64 Elle Hunt, "20 minutes of action: father defends Stanford student son convicted of sexual assault," *The Guardian*, June 5, 2016, https://www.theguardian.com/us-news/2016/jun/06/father-stanford-university-student-brock-turner-sexual-assault-statement
*65 Sarah Rense, "The Human Race Really Outdid Itself with Porn Searches in 2018," *Esquire*, December 12, 2018, https://www.esquire.com/lifestyle/sex/news/a52061/most-popular-porn-searches/
*66 Peggy Orenstein, "Boys & Sex: Young men on Hookups, Love, Porn, Consent, and Navigating the New Masculinity," Harper, 2020.
*67 Abby Young-Powell, "Students Turn to Porn for Sex Education," *The Guardian*, Jan. 29, 2015, https://www.theguardian.com/education/2015/jan/29/students-turn-to-porn-for-sex-education
*68 "Preventing Sexual Violence," *Centers for Disease Control*, 2019, https://www.cdc.gov/violenceprevention/pdf/SV-Factsheet.pdf
*69 "Men, Commit To Mentor Women," *LeanIn.org*, accessed September 15, 2019, https://leanin.org/mentor-her
*70 Katie J. M. Baker, "Rape and Death Threats: What Men's Rights Activists Really Look Like," *Jezebel*, April 22, 2013, https://jezebel.com/rape-and-death-threats-what-mens-rights-activists-rea-476882099
*71 Brendan Smith, "The Case Against Spanking," *American Psychological Association* Vol. 43 No. 4 (April 2012): 60.
*72 United Nations Convention on the Rights of a Child, 2006, https://www.ohchr.org/en/professionalinterest/pages/crc.aspx
*73 Aaron Gouveia, "Damned If We Do, Damned If We Don't," *The Good Men Project*, August 3, 2011, https://goodmenproject.com/ethics-values/damned-if-we-do-damned-if-we-dont/
*74 "The State of the Gender Pay Gap in 2019," *PayScale*, accessed September 15, 2019, https://www.payscale.com/data/gender-pay-gap
*75 "Catholic Church an 'Empire of Misogyny' - Mary McAleese," *BBC*, March 8, 2018, https://www.bbc.com/news/world-europe-43330026
*76 Jason Horowitz, Elizabeth Dias, "Pope Acknowledges Nuns Were Sexually

September 15, 2019, https://afsp.org/about-suicide/suicide-statistics/
*50 Emma Gray, "Bushmaster Rifle Ad Reminds Us to Ask More About Masculinity and Gun Violence," *Huffington Post*, December 17, 2012, https://www.huffpost.com/entry/bushmaster-rifle-ad-masculinity-gun-violence-newtown-adam-lanza_b_2317924
*51 Mark Follman, "Armed and Misogynist: How Toxic Masculinity Fuels Mass Shootings," *Mother Jones*, May/June 2019 issue, https://www.motherjones.com/crime-justice/2019/06/domestic-violence-misogyny-incels-mass-shootings/
*52 Christina Warren, "Elliot Rodger: Portrait of a Lonely Outcast Obsessed with Status," *Mashable*, May 25, 2014, https://mashable.com/2014/05/25/elliot-rodger-profile/
*53 Rick Anderson, "'Here I am, 26, with no friends, no job, no girlfriend': Shooter's manifesto offers clues to 2015 Oregon college rampage," *Los Angeles Times*, September 23, 2017, https://www.latimes.com/nation/la-na-school-shootings-2017-story.html
*54 Bob D'Angelo, "Who Was Scott Beierle, the Shooter at the Tallahassee Yoga Shop" *The Atlanta Journal-Constitution*, November 4, 2018, https://www.ajc.com/news/who-was-scott-beierle-the-shooter-the-tallahassee-yoga-shop/RnAVWFBLNHzv8zzSXaqQnN/
*55 Brandy Zadrozny, Ben Collins, "New Mexico School Shooter Had Secret Life on Pro-Trump White-Supremacy Sites," *The Daily Beast*, December 15, 2017, https://www.thedailybeast.com/new-mexico-school-shooter-had-secret-life-on-pro-trump-white-supremacy-sites
*56 Ben Collions, Brandy Zadrozny, "After Toronto Attack, Online Misogynists Praise Suspect as 'New Saint'," *NBC News*, April 24, 2018, https://www.nbcnews.com/news/us-news/after-toronto-attack-online-misogynists-praise-suspect-new-saint-n868821
*57 John Scalzi, "*Straight White Male: The Lowest Difficulty Setting There Is*," kotaku.com, May 17, 2012, https://kotaku.com/straight-white-male-the-lowest-difficulty-setting-ther-5910857
*58 Bertrand, Marianne and Sendhil Mullainathan. "Are Emily And Greg More Employable Than Lakisha And Jamal? A Field Experiment On Labor Market Discrimination," *American Economic Review*, 2004, vol. 94 (4,Sep.), 991-1013.
*59 Robin Young, "Don't Force Your Kids to Hug and Kiss Relatives During the Holidays, Pediatrician Says," *WBUR*, Dec. 3, 2018, https://www.wbur.org/hereandnow/2018/12/03/forced-affection-holidays-kids-family
*60 Meghan Keneally, "List of Trump's Accusers and Their Allegations of Sexual Misconduct," *ABC News*, June 25, 2019, https://abcnews.go.com/Politics/list-trumps-accusers-allegations-sexual-misconduct/story?id=51956410
*61 "US Election: Full Transcript of Donald Trump's Obscene Videotape," *BBC*,

washingtonpost.com/news/early-lead/wp/2018/04/22/cbs-announcer-jay-feely-says-posing-with-a-gun-in-daughters-prom-photo-was-a-joke/
*37 Caroline Bologna, "Navy SEAL's Intimidating Rules for Dating His Daughter Go Viral," *Huffington Post*, October 6, 2014, https://www.huffpost.com/entry/navy-seal-rules-for-raising-daughter_n_5940088
*38 Silk Road Tees, "Rules for dating my daughter Men's T-shirt Gift for Best Dad Father's Day T-shirt," *Amazon.com*, https://www.amazon.com/Silk-Road-Tees-Daughter-T-Shirt/dp/B079NPLKY7
*39 Ben Beaumont-Thomas, "Outrage as US rapper TI says he has his daughter's hymen checked annually," *The Guardian*, Nov. 7, 2019, https://www.theguardian.com/music/2019/nov/07/ti-rapper-daughter-hymen-check-outrage
*40 Ferrett Steinmetz, "Dear Daughter: I Hope You Have Some Fucking Awesome Sex," *TheFerrett.com*, August 8, 2013, https://www.theferrett.com/2013/08/08/dear-daughter-i-hope-you-have-some-fucking-awesome-sex/
*41 Paul LaRosa, "'48 Hours' Investigates Sex Abuse by Women Teachers," *CBS News*, October 17, 2014, https://www.cbsnews.com/news/48-hours-investigates-sex-abuse-by-women-teachers/
*42 Aaron Gouveia, "Police: 'Sexting' Photo is Sexually Explicit," *Cape Cod Times*, February 28, 2009, https://www.capecodtimes.com/article/20090228/news/902280323?template=ampart
*43 Aaron Gouveia, "Falmouth Father Details 'Sexting' Story," *Cape Cod Times*, November 29, 2010, https://www.capecodtimes.com/article/20101129/NEWS/11290308
*44 Annie Winston and Brian Hunt, *"A Father's Sexting Teen: The Brian Hunt Story,"* Create Space Independent Publishing Platform, Nov. 23, 2010, https://www.amazon.com/Fathers-Sexting-Teen-Brian-Story/dp/1456334441
*45 Matthew Ormseth, Hannah Fry, Laura Nelson, Colleen Shalby, Richard Winton, Alene Tchekmedyian, "Disturbing Portrait Emerges of Gilroy Garlic Festival Shooter," *Los Angeles Times*, July 30, 2019, https://www.latimes.com/california/story/2019-07-29/gilroy-garlic-festival-shooting-suspect
*46 University of Texas Medical Branch at Galveston, "Mental Illness Not to Blame for Gun Violence, Study Finds," *Science Daily*, February 7,2019, https://www.sciencedaily.com/releases/2019/02/190207102607.htm
*47 Pete Blair, Katherine Schweit, "A Study of Active Shooter Incidents in the United States Between 2000 and 2013," *Federal Bureau of Investigation*, 2014, https://www.fbi.gov/file-repository/active-shooter-study-2000-2013-1.pdf/view
*48 Madeline Drexler, "Guns and Suicide: The Hidden Toll," *Harvard Public Health*, accessed September 15, 2019, https://www.hsph.harvard.edu/magazine/magazine_article/guns-suicide/
*49 "Suicide Statistics," American Foundation for Suicide Prevention, accessed

*24 Gillian Mohney, "Leelah Alcorn: Trangender Teen's Reported Suicide Note Makes Dramatic Appeal," *ABC News*, December 31, 2014, https://abcnews.go.com/US/leelah-alcorn-transgender-teens-reported-suicide-note-makes/story?id=27912326
*25 McGill University, "Men and Women Remember Pain Differently: Strength of Finding Confirmed By Replication of Results in Mice and Men," *Science Daily*, January 10, 2019, https://www.sciencedaily.com/releases/2019/01/190110141806.htm
*26 Mark Greene, "The Lack of Platonic Touch in Men's Lives is a Killer," *The Good Men Project*, June 1, 2018, https://goodmenproject.com/featured-content/megasahd-the-lack-of-gentle-platonic-touch-in-mens-lives-is-a-killer/
*27 Gabriella Paiella, "How Do We All Feel About Tom Brady Kissing His Son on the Mouth For Like 5 Seconds at a Time," *The Cut*, February 1, 2018, https://www.thecut.com/2018/02/tom-brady-kisses-son-superbowl-2018.html
*28 "Bill Belichick's Kiss With Daughter Causes Many to Ask: How Old is Too Old" *TODAY Show*, February 4, 2015, https://www.today.com/news/bill-belichicks-kiss-adult-daughter-raises-questions-t271
*29 Tiffany Field, et al., "Preterm infant massage therapy research: a review." *Infant behavior & development* vol. 33,2 (2010): 115–24. doi:10.1016/j.infbeh.2009.12.004
*30 Asta Cekaite and Malva Kvist Holm, "The Comforting Touch: Tactile Intimacy and Talk in Managing Children's Distress", *Research on Language and Social Interaction* vol. 50 (2017): 109–127. doi.org/10.1080/08351813.2017.1301293
*31 Gillian Tan, Katia Porzecanski, "Wall Street Rule for the #MeToo Era: Avoid Women At All Cost," *Bloomberg*, December 3, 2018, https://www.bloomberg.com/news/articles/2018-12-03/a-wall-street-rule-for-the-metoo-era-avoid-women-at-all-cost
*32 "Infographic: Mental Health for Men," *Mental Health America*, https://www.mhanational.org/infographic-mental-health-men
*33 "By the Numbers: Men and Depression," *American Psychological Association* 46, no. 11 (December 2015): 13.
*34 "Fact Sheets - Excessive Alcohol Use and Risks to Men's Health," Centers for Disease Control and Prevention, accessed September 15, 2019, https://www.cdc.gov/alcohol/fact-sheets/mens-health.htm
*35 Katharine Johnson, Melinda Caskey, Katherine Rand, Richard Tucker, Betty Vohr, "Gender Differences in Adult-Infant Communication in the First Months of Life", *Pediatrics*, Dec. 2014, peds.2013-4289; DOI: 10.1542/peds.2013-4289
*36 Cindy Boren, "CBS Announcer Jay Feely Says Posing With a Gun in Daughter's Prom Photo was 'A Joke'," *Washington Post*, April 22, 2018, https://www.

*12 "Miscarriage," Mayo Clinic, accessed September 15, 2019, https://www.chicagomanualofstyle.org/tools_citationguide/citation-guide-1.html#cg-website
*13 Alison Koslowski, Sonja Blum, Peter Moss, "12th International Review of Leave Policies and Related Research 2016," *International Leave Network*, June 2016, https://www.leavenetwork.org/fileadmin/user_upload/k_leavenetwork/annual_reviews/2016_Full_draft_20_July.pdf
*14 "DOL Policy Brief, Paternity Leave: Why Parental Leave for Fathers is So Important for Working Families," United States Department of Labor, 1-6.
*15 Matt Murray, "Radio Host Rips MLB Player for Paternity Leave, Suggests C-Section Before Season," *TODAY Show*, April 3, 2014, https://www.today.com/parents/radio-host-rips-mlb-player-paternity-leave-suggests-c-section-2d79476676
*16 Brad Harrington, Fred Van Deusen, Jennifer Sabatini Fraone, "The New Dad: A Work (and Life) In Progress," *Boston College Center for Work and Family*, 2013, https://www.bc.edu/content/dam/files/centers/cwf/research/publications/researchreports/The%20New%20Dad%202013_A%20Work%20and%20Life%20in%20Progress
*17 Melissa Bell, "J. C. Penney Pulls 'I'm Too Pretty to Do Homework' Shirt After Online Complaints,"*Washington Post*, August 31, 2011, https://www.washingtonpost.com/blogs/blogpost/post/jcpenney-promotes-im-too-pretty-to-do-homework-shirt/2011/08/31/gIQAxFD4rJ_blog.html
*18 Sarah M. Allen, Alan J. Hawkins, "Maternal Gatekeeping: Mothers' Beliefs and Behaviors That Inhibit Greater Father Involvement in Family Work," *Journal of Marriage and Family*, February 1999, 199-212.
*19 Elissa Strauss, "Maternal Gatekeeping: Why Moms Don't Let Dads Help," *CNN*, December 6, 2017, https://www.cnn.com/2017/12/06/health/maternal-gatekeeping-strauss/index.html
*20 Kristin Sweeney, Abbie Goldberg, Randi Garcia, "Not a 'Mom Thing': Predictors of Gatekeeping in Same-Sex and Heterosexual Parent Families," *Journal of Family Psychology*, August 2017 Volume 31(5), 521-531.
*21 "Rising Number of Stay-at-Home Dads," *Pew Research Center*, June 15, 2016, https://www.pewresearch.org/fact-tank/2019/06/12/fathers-day-facts/ft_16-06-14_fathersday_stayathomerising/
*22 Andrew Kaczynski, Megan Apper, "Donald Trump Thinks Men Who Change Diapers Are Acting 'Like the Wife'," *Buzzfeed*, April 25, 2016, https://www.buzzfeednews.com/article/andrewkaczynski/donald-trump-thinks-men-who-change-diapers-are-acting-like-t
*23 "Facts About Suicide," The Trevor Project, accessed September 15, 2019, https://www.thetrevorproject.org/resources/preventing-suicide/facts-about-suicide/

原注

*1 "Ten Years of Mass Shootings in the United States", *Everytown for Gun Safety*, November 21, 2019, https://everytownresearch.org/ massshootingsreports/mass-shootings-in-america-2009-2019/

*2 "The State of the Gender Pay Gap 2019", *PayScale*, April 26, 2019, https://www.payscale.com/data/gender-pay-gap

*3 Alex Fiquette, "5-year-old Who Was Bullied for Nail Polish Speaks Out," *TODAY Show*, January 28, 2019, https://www.today.com/video/5-year-old-who-was-bullied-for-nail-polish-speaks-out-1433049667793

*4 Genevieve Shaw Brown, "Little Boy Bullied for Nail Polish Gets Confidence From Community of Strangers," *Good Morning America*, October 24, 2018, https://www.goodmorningamerica.com/family/story/boy-bullied-nail-polish-confidence-community-strangers-58697856

*5 Victoria Rodriguez, "Meet Aaron Gouveia, the Dad Who Defended Son's Nail Polish in Viral Twitter Thread," *Mashable*, October 27, 2018, https://mashable.com/article/boy-wears-nail-polish-to-school-twitter-thread/

*6 Michelle Boudin, "Dad Paints His Nails After 5-Year-Old Son Is Bullied for Wearing Polish: I 'Have Your Back!'," *People*, October 24, 2018, https://people.com/human-interest/sam-gouveia-nail-polish-school-boston/

*7 Miranda Bryant, "Father's Post on Bullied Son's Pink Nail Polish Sparks Outpouring of Support," *The Guardian*, October 25, 2018, https://www.theguardian.com/technology/2018/oct/25/fathers-post-on-bullied-sons-pink-nail-polish-sparks-outpouring-of-support

*8 Luis Castillo, "Sadistic Cuck Sends Wife's Son to Kindergarten With Pink Nails, He Gets Bullied; Cuck Brags on Twitter," *Daily Stormer*, October 26, 2018, https://dailystormer.com/sadistic-cuck-sends-wifes-son-to-kindergarten-with-pink-nails-he-gets-bullied-cuck-brags-on-twitter/

*9 Andrea Diaz, "Officials Release Video From Gender Reveal Party That Ignited a 47,000-Acre Wildfire," *CNN*, November 28, 2018, https://www.cnn.com/2018/11/27/us/arizona-gender-reveal-party-sawmill-wildfire-trnd/index.html

*10 Jeanne Maglaty, "When Did Girls Start Wearing Pink," *Smithsonian.com*, April 7, 2011, https://www.smithsonianmag.com/arts-culture/when-did-girls-start-wearing-pink-1370097/

*11 Tanya Chen, "The Mom Blogger Who Had the First Viral Gender Reveal Has a New Perspective After Raising Her Daughter," *Buzzfeed*, July 26, 2019, https://www.buzzfeednews.com/article/tanyachen/mom-who-invented-the-gender-reveal-cake-changed-her-mind

［著者］　**アーロン・グーヴェイア**　Aaron Gouveia

ジャーナリスト。『タイム』『ワシントン・ポスト』『ペアレンツ』『アメリカン・ベイビー』『ハフィントン・ポスト』などの新聞や雑誌に署名記事を寄稿し、また、『トゥデイ・ショー』『グッドモーニング・アメリカ』『マーシャブル』などのテレビやネット番組、『ピープル・マガジン』『USA トゥデイ』などにも紹介され、育児と政治について語っている。2008年に父親の育児参加を促すウェブサイト「ダディ・ファイルズ」を立ち上げ、父親業をテーマとしたオンラインコンテンツや出版物に寄稿。子育て会議の常連スピーカーでもある。銃規制や中絶などに関するコンテンツは、世界中で何百万人もの人々に読まれている。地元ニューイングランドのフットボールチーム、ペイトリオッツのシーズンチケットを保持する熱狂的なファンとしてジレット・スタジアムで試合の応援をしていない時は、ニューイングランド周辺の湖や池や川でカヤックやバス釣りを楽しむ。マサチューセッツ州フランクリンに妻と３人の息子とともに暮らしている。

［訳者］　**上田勢子**　うえだ せいこ

東京生まれ。慶應義塾大学文学部社会学科卒。1979年より米国カリフォルニア州在住。主な訳書に『イラスト版　子どもの認知行動療法』シリーズ全10巻、『LGBTQってなに？』『見えない性的指向　アセクシュアルのすべて――誰にも性的魅力を感じない私たちについて』『第三の性「X」への道――男でも女でもない、ノンバイナリーとして生きる』『ノンバイナリーがわかる本――he でも she でもない、they たちのこと』『ピンクとブルーに分けない育児――ジェンダー・クリエイティブな子育ての記録』『フェミニスト男子の育て方―― ジェンダー、同意、共感について伝えよう』（以上、明石書店）、『わたしらしく、LGBTQ』全４巻、『教えて！哲学者たち――子どもとつくる哲学の教室』上・下（以上、大月書店）、『レッド――あかくてあおいクレヨンのはなし』『４歳からの性教育の絵本――コウノトリがはこんだんじゃないよ！』『８歳からの性教育の絵本――とってもわくわく！するはなし』（以上、子どもの未来社）などがある。２人の息子が巣立った家に、現在は夫と１匹のネコと暮らしている。

［デザイン］
横須賀拓

［装画］
中島ミドリ

男の子をダメな大人にしないために、親のぼくができること

「男らしさ」から自由になる子育て

発行日　　2024年2月7日　初版第1刷

著者　　アーロン・グーヴェイア
訳者　　上田勢子

発行者　　下中順平
発行所　　株式会社平凡社
〒101-0051 東京都千代田区神田神保町 3-29
電話　03-3230-6573［営業］

印刷　　株式会社東京印書館
製本　　大口製本印刷株式会社

ISBN978-4-582-83950-0

平凡社ホームページ　https://www.heibonsha.co.jp/
落丁・乱丁本のお取り替えは小社読者サービス係まで直接お送りください（送料は小社で負担いたします）。

【お問い合わせ】
本書の内容に関するお問い合わせは
弊社お問い合わせフォームをご利用ください。
https://www.heibonsha.co.jp/contact/